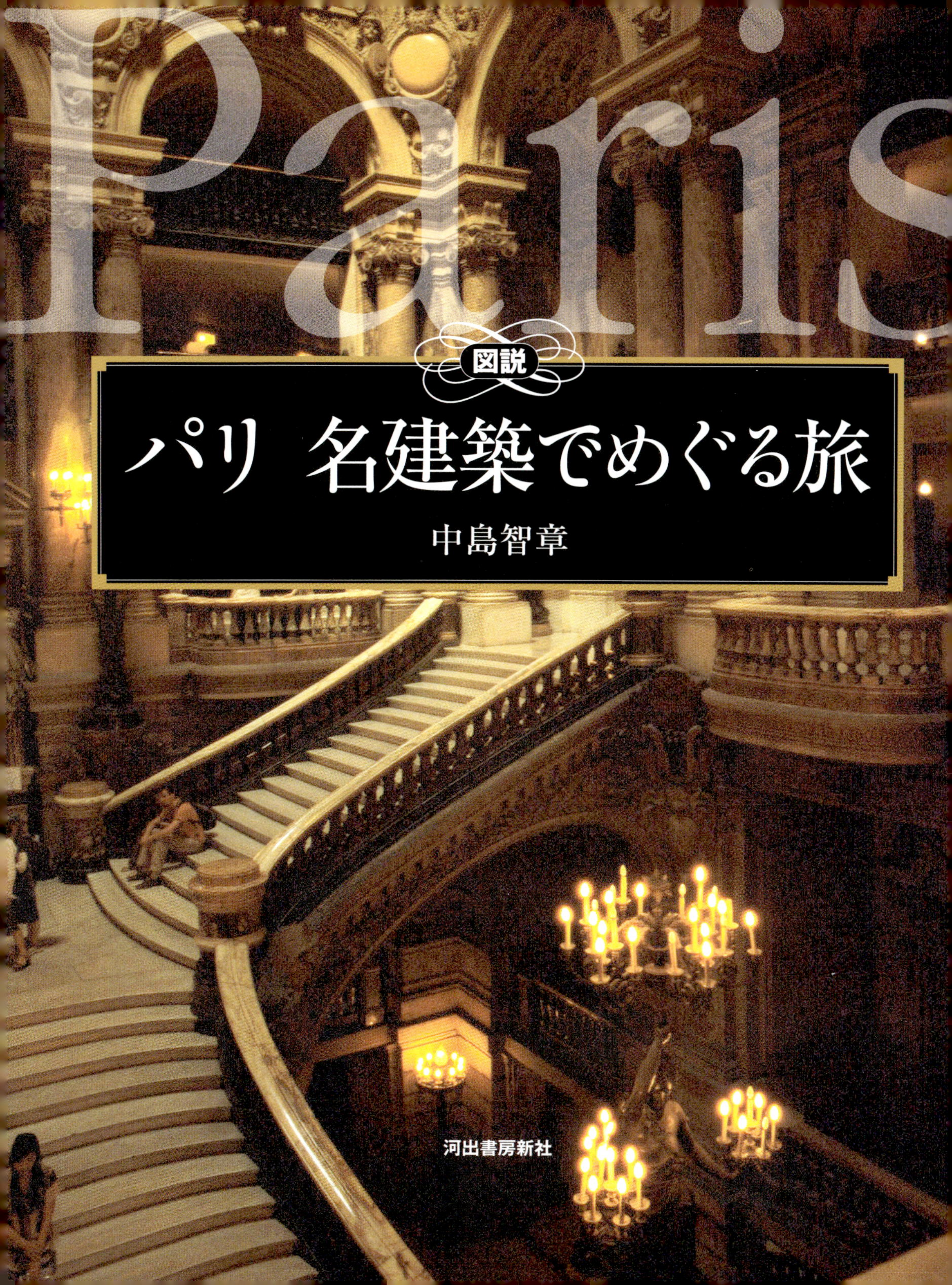

Paris

図説

パリ　名建築でめぐる旅

中島智章

河出書房新社

図説 パリ 名建築でめぐる旅

目次

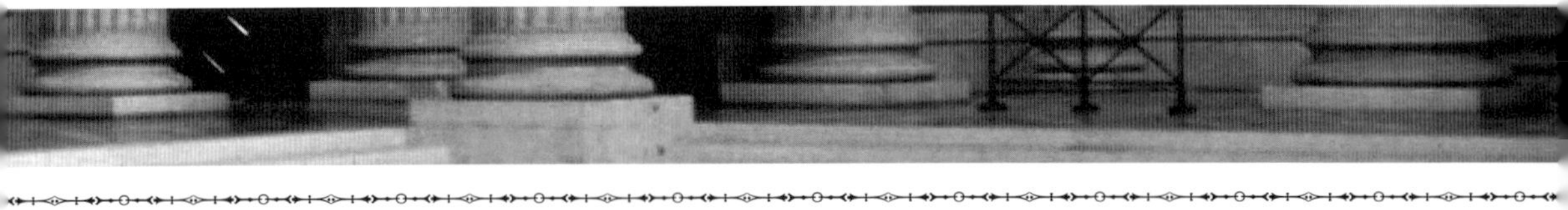

Paris

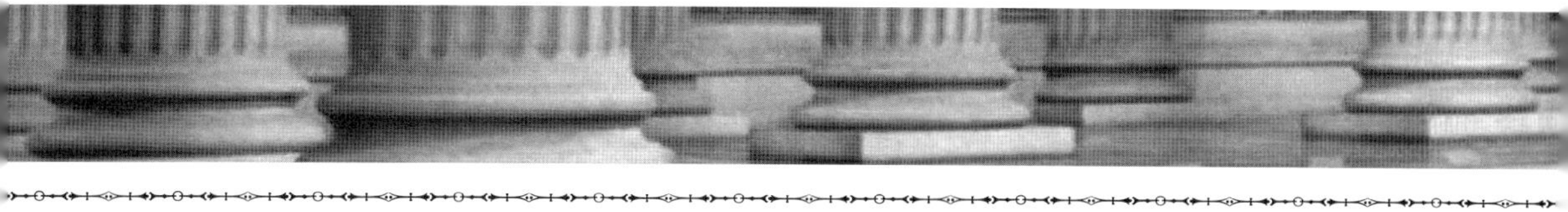

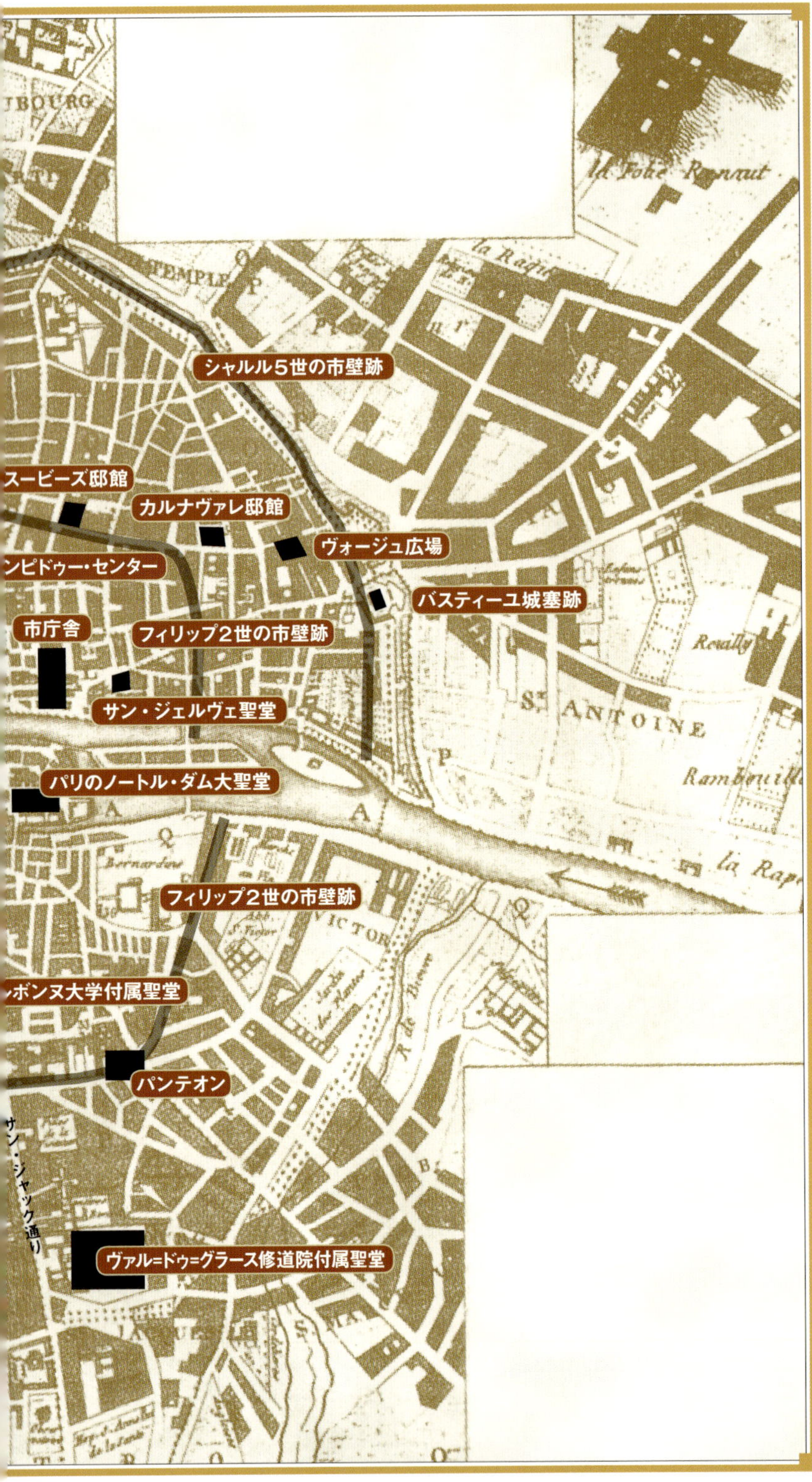
TEMPLE
シャルル5世の市壁跡
至 ヴァンセンヌ城塞
スービーズ邸館
カルナヴァレ邸館
ヴォージュ広場
ンピドゥー・センター
バスティーユ城塞跡
市庁舎
フィリップ2世の市壁跡
サン・ジェルヴェ聖堂
S.T ANTOINE
パリのノートル・ダム大聖堂
フィリップ2世の市壁跡
VICTOR
ボンヌ大学付属聖堂
パンテオン
サン・ジャック通り
ヴァル=ドゥ=グラース修道院付属聖堂

1702年のパリ図

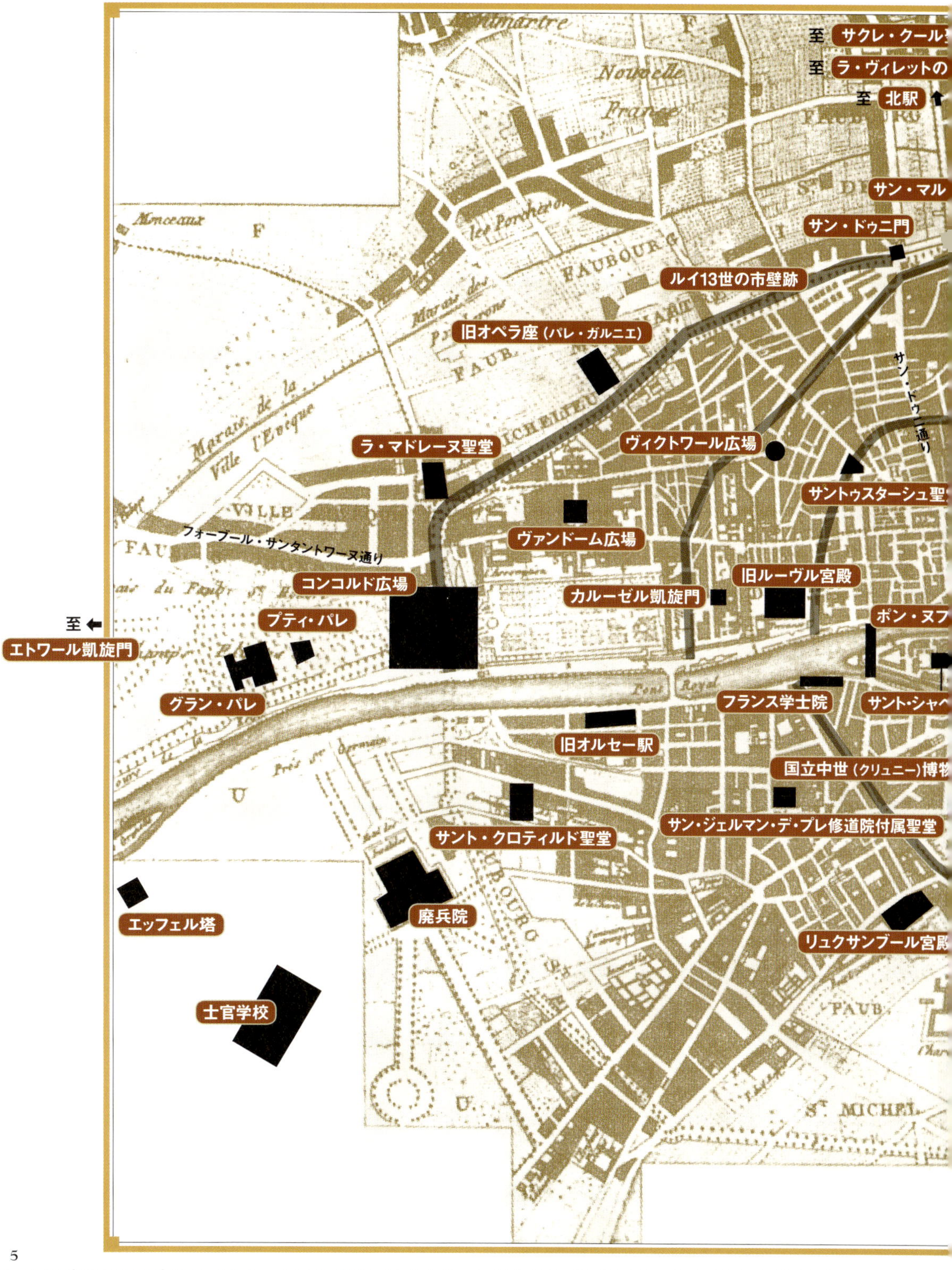

至 サクレ・クール
至 ラ・ヴィレットの
至 北駅
サン・マル
サン・ドゥニ門
ルイ13世の市壁跡
旧オペラ座（パレ・ガルニエ）
サン・ドゥニ通り
ラ・マドレーヌ聖堂
ヴィクトワール広場
サントゥスターシュ聖
ヴァンドーム広場
フォーブール・サンタントワーヌ通り
コンコルド広場
旧ルーヴル宮殿
カルーゼル凱旋門
至 エトワール凱旋門
プティ・パレ
ポン・ヌフ
グラン・パレ
フランス学士院
サント・シャペ
旧オルセー駅
国立中世（クリュニー）博物
サント・クロティルド聖堂
サン・ジェルマン・デ・プレ修道院付属聖堂
エッフェル塔
廃兵院
リュクサンブール宮
士官学校
Nouvelle France
Pont Royal

はじめに
さまざまな時代の建築物が輝くパリの魅力

人口二二七万人弱、面積一万ヘクタール余り。人口がもっとも多かったのは一九二一年で、二九〇万人強だった。これだけなら世界中に星の数ほどある大都市のひとつ、それも衰退しつつある都市のひとつにすぎないようにみえる。たしかに経済的には、ニューヨークやロンドン、東京などと比べて、その世界に対する影響力は限定的である。

だが、「花の都」、「芸術の都」、「美食の都」などと呼ばれているのは、パリが長いあいだにつちかってきた「ソフト・パワー」が世界中の人々を魅了しているからである。建築の世界でも、とりわけ中世後期以来、コンスタントに傑作建築を世に送りだしてきた。そのようなわけで、パリではさまざまな時代の建築がこの街の多彩な魅力の種となっている。

これは、中世以来、フランス王国が西ヨーロッパ世界で最大の人口を抱え、ド

ダゲールによるブールヴァール・デュ・タンプルの写真（1838）：
おそらく世界で初めて撮影された写真のひとつ。

イツ語圏やイタリア語圏、スペイン語圏が中小の領邦国家に分かれていたのとは対照的に、単一の王権のもとに統一された大勢力として存在したこともひとつの背景となっている。建築というのは、ほかの文化的産物以上に国力や経済力のバックアップが必要だからである。

このように豊かなパリの建築文化については、さまざまな建築専門書によって紹介されているが、一方で観光分野における建築についての情報は一棟単位の簡単な解説の域を出ていないように思われる。実際、あまりにも多くの建築遺産がひしめいているため、今まであまり建築に興味をもっていなかった人々は、いざパリ旅行というときに、いったい何をみたらよいのか、途方に暮れるのではないだろうか。いくら、絵画、あるいは買い物、または食べ物がメインの旅行だったとしても、エトワール凱旋門とエッフェル塔を漫然と訪ねるだけでは物足りないはずである。

やはり、ヨーロッパ観光の最大の目玉は、決してその場からは動かすことができない建築や町並みであるはずである。そこで本書では、パリを訪れたら必見の名建築をさまざまな時代の建築群から厳

リヴォリ通りの光景（1855年以降）

ポン・ヌフ上の光景（1855年以降）

選し、その建築的特徴を解説することにした。また、これらの建築がそれぞれの時代においてどのような意味をもっていたのかを示すために、フランス史と西洋建築史という二つの通史の流れのなかで各建築を紹介することにした。

このような観点から、フランスの歴史に燦然《さんぜん》と輝く四人の大王（聖王ルイ九世、フランソワ一世、ルイ一四世、ナポレオン一世）と建築のかかわりなど、フランスの歴史や偉人とも絡めながらパリの建築を語っていきたい。あるいは、建築を通じてパリの歴史を語るともいえるかもしれない。

実のところ、本書で取り上げる建築は各時代の一流の名建築、いわゆるモニュメントに限られる。本当は、町並みを形成し、そのイメージを決定づけるのは、都市のなかに点として存在する一流の傑作建築よりも、いわば二流三流のあまたの建築の方なのである。パリは一流どころだけではなく、これら二流三流の建築にも見るべきものがある。これらも含めて、数あるヨーロッパ都市のなかでもローマと並んですばらしい建築遺産に満ちあふれたパリの魅力を、本書を手がかりとしてたどっていただけたら幸いである。

サン・ジャックの塔からシテ島を望む（1867）

column 1

「建築」の語源と西洋建築史のさまざまな様式

最初は「造家」

「建築」という熟語は実はそれほど古い言葉ではない。幕末から明治初めにかけて、西洋諸国からそれまでわが国にはなかった技術や思想、概念が流入してきたことに対応して、当時の人々はさまざまな二字熟語を編み出していった。ほんの二行前に使った「思想」、「概念」もそうだし、最近よく耳にする「投資」、「金融」、「経済」といった言葉もそうである。

「建築」という言葉もそのようにして生まれてきた二字熟語のうちのひとつであり、英語のアーキテクチュア（architecture）を日本語で言い表すために編み出された翻訳語だったのである。もっとも、当初は「造家」という翻訳語も用いられており、明治二〇年代くらいまでの学問・教育の世界ではむしろこちらの方が優勢だった。「建築」がアーキテクチュアの唯一の翻訳語としての地位を確立するのは、帝国大学工科大学造家学科の教授だった伊東忠太らの努力の末、明治二〇年代後半以降である。

さて、アーキテクチュアという概念が、わが国をはじめとする非西洋諸国にも導入されるようになったのが近代以降のことだとすると、近代より前の世界で「建築史」といえば、今いう「西洋建築史」しかなかったといってよいだろう。もっとも、「西洋建築史」という枠組みが提示されたのは実はその近代である。

西洋建築史の枠組み

一九世紀以降確立されたこの西洋建築史では、伝統的に次のような時代区分をし、さらに中世以降については「様式（スタイル）」という概念で類型化していて、この枠組みは基本的に現在でも用いられている。

■**古代建築（～六世紀くらい）：**
古代ギリシア建築、古代ローマ建築、初期キリスト教建築

■**中世建築（六～一六世紀）：**
ロマネスク様式、ゴシック様式、ビザンツ建築

■**近世建築（一五～一八世紀半ば）：**
ルネサンス様式、マニエリスム様式、バロック様式、ロココ様式

■**近代建築（一九世紀）：**
新古典主義、ゴシック・リヴァイヴァル、歴史主義、折衷主義

■**近代建築（二〇世紀）：**
アール・ヌーヴォー、アール・デコ、表現主義、モダン・ムーヴメントなど

実は、近世までは各時代の人々がそれぞれの時代の新しい建築をつくりつづけていたわけであり、自分たちの建築が何様式で、少し前の建築が別の何様式であるという認識があったわけではない。「様式」という概念は一九世紀になって、過去の建築デザインをリヴァイヴァルしたり、折衷させたりするデザイン傾向から生まれてきたのである。すなわち、様式概念の成立と「西洋建築史」の枠組みの確立は軌を一にしている。

本書では各章で各様式とそれを代表するパリの建築を取り上げ、それぞれの建築や様式の特徴を説明していきたい。

1

『ガリア戦記』のパリ

国立中世（クリュニー）博物館の大浴場跡

Data

代表建築
国立中世博物館の古代ローマ時代の公衆浴場跡と旧クリュニー邸館
Musée national du Moyen Âge - Thermes et hôtel de Cluny

様　式
古代ローマ建築、ゴシック様式、ルネサンス様式

住　所
6, Place Paul Painlevé, 75005 Paris

最寄り駅
地下鉄10号線
クリュニー＝ラ・ソルボンヌ
Cluny - La Sorbonne

パリの起源

パリの起源は古代ローマの共和政時代にまでさかのぼる。古名をルーテーティア・パリーシオールムといい、これはパリーシー人たちのルーテーティア（現地語で「水中の住処」の意）という意味である。紀元前二〇〇年頃からあったという。その後、紀元前五二年にラビエヌス指揮するローマ軍に征服され、さらに、紀元前一世紀半ばに活躍したローマの有力な軍人・政治家のユリウス・カエサルが、そのガリア遠征の様子を書き記した『ガリア戦記』にも言及されている。

当時のフランスはガリア、あるいはガリア・トランサルピナと呼ばれていた。ガリアとは当時のローマ人たちからみて北方の蛮族《ばんぞく》たちがすむ土地のことで、現在の北イタリアにあたるガリア・キサルピナ（アルプスのこちら側のガリア）とガリア・トランサルピナ（アルプスの向こう側のガリア）があった。本書ではたんに「ガリア」と述べる場合は、ガリア・トランサルピナのことであることをお断りしておく。

南仏の古代ローマ建築

カエサルの時代にはこのガリアの北方にまでローマの手がのびていったのだが、一方で、ガリアの南の方、すなわち、現在の南仏プロヴァンス地方はプローウィ

ニームのメゾン・カレ：正面にコリント式（コラム２参照）の円柱が6本並ぶ六柱式神殿。全30本の柱のうち、真の独立円柱は前方の10本のみで、残りの20本はハーフ・コラム（コラム３参照）となっており、壁体の一部をなす装飾要素となっている。正面についた15段の高い階段を備えた基壇（ポディウム）上に建つ、正面性の強い典型的な古代ローマ神殿である。

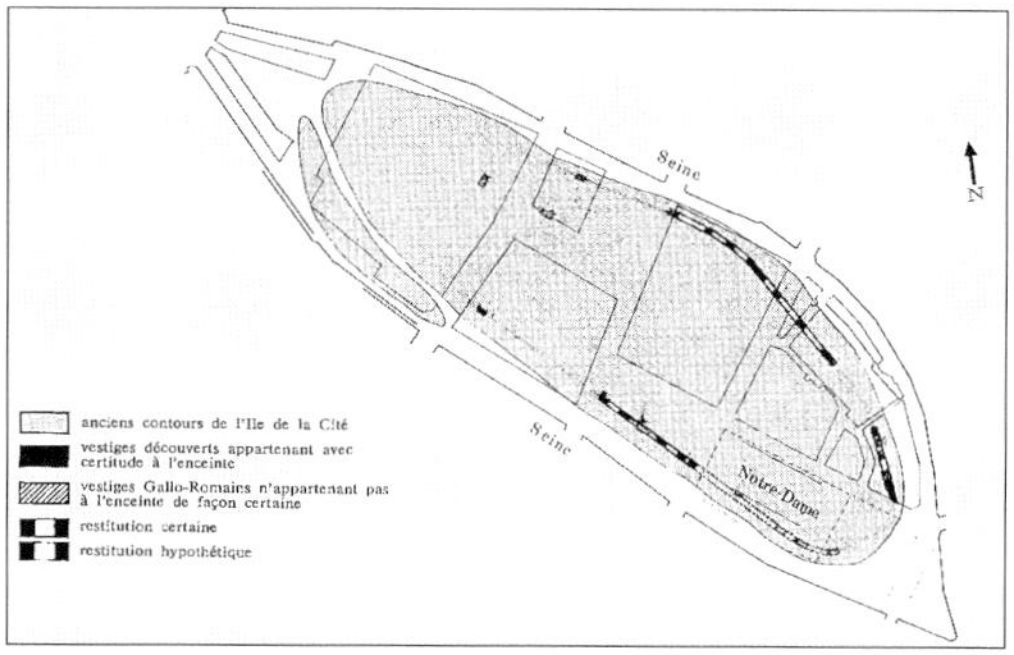

ルーテーティアの城壁：276年頃の異民族の侵入により、シテ島に城壁をめぐらせて防御拠点とした。

ポン・デュ・ガール：ニーム近郊ガール河畔に今も残るポン・デュ・ガール（ガール水道橋）は紀元１世紀半ばに建設された水道橋で、古代ローマのアーチ架構技術の粋といえるものである。３連アーチの一番上に水が流れていた。

ンキア属州として早くからローマの支配するところとなっていた。それゆえ、当時のガリアの建築の状況としては、少なくともローマ側からみた場合、プロヴァンス地方の方が充実していた。もともとこの地方は紀元前六世紀くらいから、マッサリア（現在のマルセイユ）などの古代ギリシア人の植民都市が多数あり、たいへん栄えていた。そして、紀元前二世紀を通じて徐々にローマに組み込まれていったのである。

なかでも、当時のプローウィンキアの中心都市のひとつネマウスス（現在のニーム）に紀元一世紀初頭に建立された神殿（通称メゾン・カレ＝四角の家）は古代ローマ神殿のかなり完全な形で現存する代表例として著名である。この神殿は、ローマ帝国の初代皇帝と目されるアウグストゥス帝の孫ガイウス・カエサルと養子ルキウス・カエサルに捧げられた神殿であり、夭逝《ようせい》した二人の後継者にふさわしく、規模、細部の作り込みともにローマ本国の建築に勝るとも劣らないすばらしい作例である。

また、ニーム近郊ガール河畔に今も残るポン・デュ・ガール（ガール水道橋）は紀元一世紀半ばに建設された水道橋で、古代ローマのアーチ架構技術の粋といえるものである。そのほか、ニーム市内には円形闘技場も残っており、ローマのコロッセウムと同様、フラウィウス朝時代（紀元六九～九六年）に建設された、二層のアーチによる構造体である。同じような円形闘技場はアルルにも現存している。

一方、紀元前三五～三〇年頃に建設されたコローニア・ユリア・セクンダノールム・アラウシオ、すなわち現在のオランジュにも数々の古代ローマ遺跡がみられる。紀元二六～二七年に建立された記念門や紀元一世紀初頭に建設された劇場が代表例で、なかでも劇場は、スカエナ（舞台背景建築）が現存するヨーロッパ唯一の作例として貴重である。

パリの古代ローマ建築

一方、この時期のパリでも円形闘技場や公衆浴場などが建設された。もともとのルーテーティア（パリ）は現在のシテ島に築かれていたが（帝政末期の城壁の基礎が発掘された）、古代ローマの支配下においてセーヌ川左岸に都市域が拡大された。これらの公衆浴場やフォルムはこの新市街に築かれたのである。この地域の一部は、現在、カルティエ・ラタンと呼ばれている。中世に大学が設立され、ラテン語をあやつる学者や学生たちの活動がさかんだったことに由来するという。このパリ大学神学部が、現在のパリ第四大学（いわゆるソルボンヌ大学）の前身である。

ただ、現在のパリで古代の痕跡は南仏諸都市に比べて希薄である。それでも、

オランジュの劇場：紀元１世紀初頭に建設された劇場。スカエナ（舞台背景建築）が現存するヨーロッパ唯一の作例として貴重である。スカエナ（またはスカエナエ・フロンス）の中央にアウグストゥス帝立像が飾られている。

古代ローマの劇場は古代ギリシアの劇場の流れをくんでいる。すなわち、半円形すり鉢状の観客席（ギリシア語でテアトロン、ラテン語でテアトルム）、その中央にある円舞場（ギリシア語でオルケストラ）、横長の舞台、そして、舞台後方の楽屋も兼ねた背景建築（ギリシア語でスケーネー、ラテン語でスカエナ）からなっている。

とはいえ、古代ギリシア劇場と古代ローマ劇場には相違もあり、もっとも大きな違いは、古代ギリシアではテアトロンを地形を利用して築造するのに対して、古代ローマでは都市部にアーチ構法を駆使して人工的に構築するところにある。

国立中世博物館（クリュニー博物館）において当時の公衆浴場（二〇〇年頃）の遺構を目にすることができる。古代ローマの公衆浴場は、いわばサウナであり、熱浴室（カルダリウム）、温浴室（テピダリウム）、冷浴室（フリギダリウム）を中心に諸室や諸施設が配置されていた。クリュニーの例では天井高一五メートルのフリギダリウムがとりわけ保存状態がよく、博物館にも組み込まれている。

ほかにも公衆浴場があるなかで、これはもっとも北に位置するものだった。東隣には公衆浴場の壁体も利用する形で一五世紀にクリュニー邸館が建設され、一八四三年、この遺構とともに現在の国立中世博物館の前身となる組織が設立された。

国立中世博物館（クリュニー博物館）正面

国立中世博物館（クリュニー博物館）庭園に面した柱廊

帝政末期のガリア

このように当時のパリはガリアの北の方の中心都市として発展した。古代ロー

国立中世博物館（クリュニー博物館）の公衆浴場の遺構：ほかにも公衆浴場があるなかで、これはもっとも北に位置するものだった。船乗りの同業組合が200年頃に建造したという。東隣には公衆浴場の壁体も利用する形で15世紀にクリュニー邸館が建設された。

マ時代を通じてガリアは高い文化水準と経済力を誇り、ローマが混乱した三世紀には四代にわたって独自に皇帝を擁立して半ば独立国のような有様となることもあった（二六〇～七四）。この勢力は二七四年に「世界の再建者」アウレリアヌス帝によって平定されたが、二八四年に皇帝の座についたディオクレティアヌス帝が帝国四分統治を始めたとき、西帝国の北半分として重要な位置を占めた。このときにその中心となったのはアウグスタ・トレウェロールム（現在のドイツ・トリア）だった。

しかし、さしもの盛況を誇ったローマ帝国も四世紀末頃からゲルマン諸族の侵入により衰退し、三九五年に二分割されたうちのひとつである西ローマ帝国は、四七六年、傭兵隊長オドアケルが幼帝ロムルス・アウグストゥルスを廃したことにより滅亡した。

トリアにある西帝国副帝の宮殿跡（再建されたもの）：トリアは3世紀末から4世紀初めにかけて西帝国の副帝の宮廷所在地として栄えた。当時すでにローマ帝国は最盛期をすぎていたが、それでも辺境の地にこれだけの規模の建造物を建てる力をもっており、中世から近世にかけて、トリアでこれ以上の規模の建造物は、司教座聖堂を除いて建設されなかった。

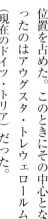

column 2

古代の円柱の様式

円柱の様式を知るための八つの言葉

古代ギリシアの神殿建築は木造だったといわれているが、神殿が石造になってからも、柱と梁《はり》による構造は踏襲された。このような構造を軸組《じくぐみ》構法という。そのため、ギリシアの神殿建築の外見を律するのは、神像を祭る神室（ギリシア語でナオス、ラテン語でケッラ）を取り囲んで建ち並ぶ円柱の比例とリズムだった。

円柱のことを英語でコラム（column）といい、上部の飾りの部分を柱頭、またはキャピタル（capital）、下部の飾りの部分を柱礎、またはベース（base）、これらの間の柱の本体を柱身、またはシャフト（shaft）という。

また、円柱の上にのる梁と桁の部分をエンタブレチュア(entablature)といい、この部分も三部分、すなわち、突き出た軒の部分にあたるコーニス（cornice）、浅浮彫やそのほかの装飾が施される中間のフリーズ（frize）、直接、柱を受ける下部のアーキトレーヴ（architrave）の三部分に分かたれる。

古代の円柱にかかわる語彙としては以上の八つを押さえておけば、さしあたり十分だろう。逆にいえば、この八つの用語が理解されているという前提に立たないと、古代ギリシア・ローマ建築やその影響下にあるルネサンス以降の古典主義建築の建築的説明は不可能である。

柱頭の装飾

さて、その円柱にはドリス式、イオニア式、コリント式の三種類があった。それぞれ、男性、婦人、乙女の身体比例をあらわすものといわれていて、ドリス式は太くて頑健、イオニア式は中庸の太さで優雅、コリント式は細くて繊細といった性格をもつものと考えられていた。

三種の円柱の様式の本質的な違いは以上の比例の差異につきる。だが、実際に円柱の様式を見分けるときは、柱頭の装飾に注目するのがよいだろう。

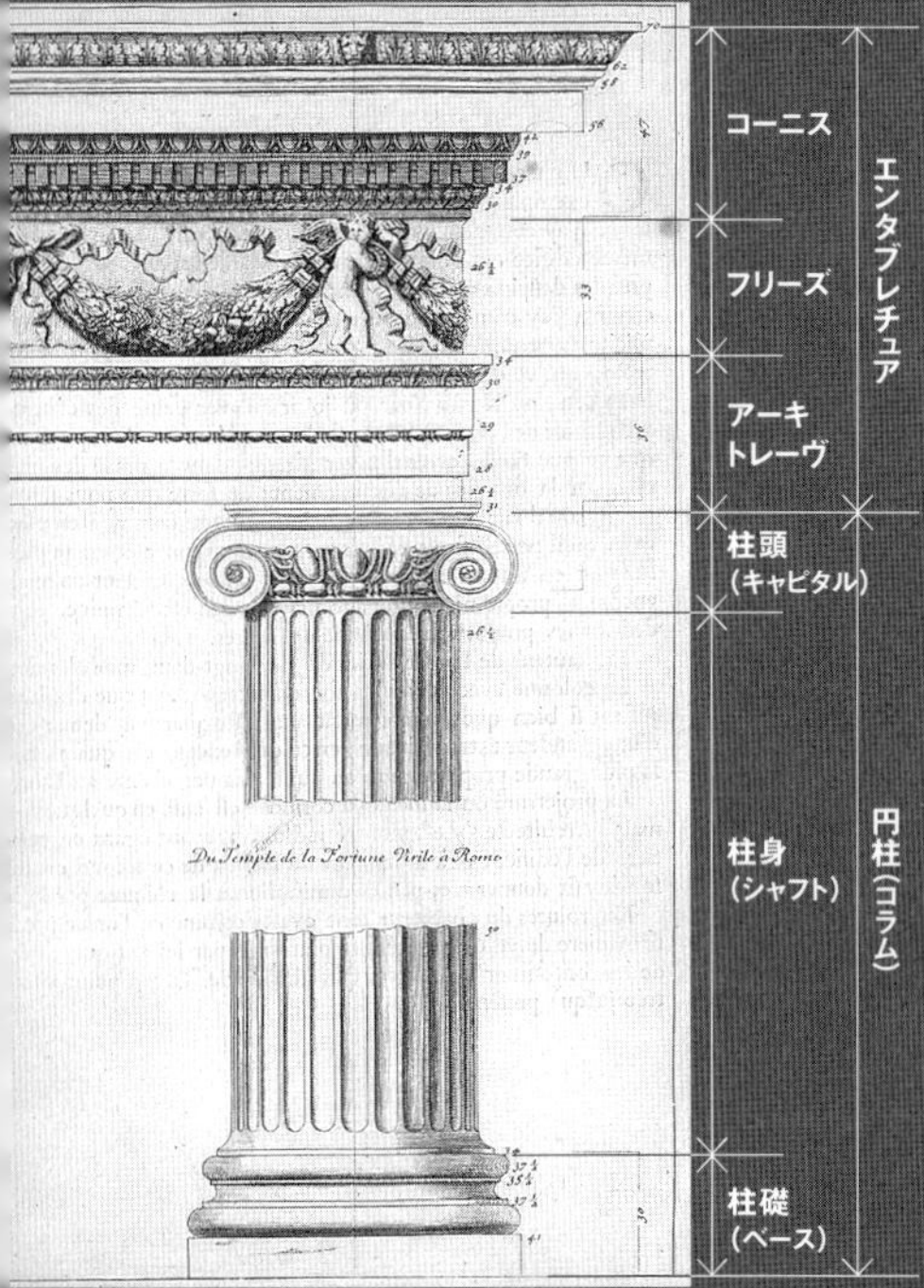

ローマのフォルトゥーナ・ウィリーリス（男運女神）神殿の詳細図：1650年に出版されたロラン・フレアール・ドゥ・シャンブレの『古代建築と現代建築の比較』に、古代建築の模範例として掲載されたもの。

ドリス式の柱頭：ブロワ城館オルレアン棟1階の双子柱（コラム7参照）。フランソワ・マンサール設計。

イオニア式の柱頭：ヴェルサイユ宮殿ガブリエル棟の双子柱。アンジュ・ジャック・ガブリエル設計。

コリント式の柱頭：パリ・士官学校の正面。アンジュ・ジャック・ガブリエル設計。

ドリス式の柱頭はもっとも単純で、アバクスと呼ばれる方形の板状の部分とエキノスと呼ばれる饅頭のような丸い部分からなっている。イオニア式の柱頭にはその両側にヴォリュートと呼ばれる渦巻状の装飾があり、コリント式の柱頭はアカンサスという植物の葉っぱと蔓を模した装飾で覆われていて、もっとも華麗である。

古代ローマ人たちもこれらの三種の円柱の様式を古代ギリシアから受け継いだが、もっぱら華やかなコリント式を用いた。

しかし、紀元後五世紀以降になり、古代ローマ世界が終焉を迎える頃になると、これらの円柱の様式にさまざまな改変が加えられ、徐々に中世建築のヴォキャブラリーの中に溶解していき、オリジナルな形では用いられなくなっていく。

column 3

古代の円柱の応用

レリーフや彫刻として

古代ローマ人は文化の先進地域である古代ギリシアの文明の影響を強く受け、建築の分野でも、ドリス式、イオニア式、コリント式といった神殿の円柱の様式を受け継いだ。ただ、柱と梁からなる軸組構造を前提とするこれらの円柱の様式をそのままの形で、石造やコンクリート造による壁構造、あるいはアーチ構造による古代ローマ建築に適用することはできなかった。

そこで古代ローマ人たちは、伝来の構造はそのままに、古代ギリシアから伝わった円柱の様式を装飾として壁体《へきたい》にはりつけるという方法を編み出した。つまり、梁とそれを支える柱としてではなく、壁体に施すレリーフや彫刻として使用したのである。

このような傾向のなかから、円柱の様式の、立体感の異なるさまざまな応用が誕生した。もっとも立体感がない手法をピラスターという。日本語では付柱《つけばしら》、片蓋柱《かたふたばしら》ともいうが、建築の世界では英語の「ピラスター」を用いるのが一般的である。これは角柱の表面を薄くスライスしたものを壁面にはりつけたようなものである。ピラスターの場合、通常はエンタシスを施さず、柱の幅は下部と上部で一定となる（七三頁のコレージュ・デ・キャトル・ナシオンの東棟の写真参照）。

ハーフ・コラムとデタッチド・コラム

もう少し立体感が増したものが「ハーフ・コラム」という手法である。その名のごとく、柱を縦に半分に切断して壁にはりつけたような形態のものである。日本語では「半柱」と訳されるが、これも英語名が一般的である。ハーフ・コラムは、ローマ市内のフォルトゥーナ・ウィリーリス神殿やニームのメゾン・カレ（一〇頁の写真参照）、それにコロッセウム、ティトゥス帝記念門など多くの古代ローマ建築で用いられている。

もっとも立体感豊かな表現は「壁前柱」＝「デタッチド・コラム」という手法である。これは壁体の前に独立して配置された円柱であり、通常はエンタブレチュアもその部分だけ前方に張り出される。したがって、円柱が支えているのは直上のエンタブレチュアだけであり、建造物本体の構造とは関係がない。要するに構造壁の前に置かれた彫像のような扱いである。この手法はセプティミウス・セウェルス帝記念門、および、コンスタンティヌス帝記念門で効果的に用いられている。パリのカルーゼル凱旋門も同じデザイン（いわゆる凱旋門モチーフ）による（一〇〇頁上の写真参照）。

2

サン・ジェルマン・デ・プレのロマネスク建築

Data

代表建築
サン・ジェルマン・デ・プレ修道院付属聖堂
Église Saint Germain-des-Prés

様 式
ロマネスク様式

住 所
3, Place St Germain des Prés, 75006 Paris

最寄り駅
地下鉄4号線
サン・ジェルマン・デ・プレ
Saint Germain-des-Prés

フランク族の支配

四七六年、西ローマ帝国が滅亡する頃、ガリアの北の方を掌握しつつあったのはクローヴィス王ひきいるフランク族だった。四世紀末から五世紀にかけて、とりわけ、三九五年に東西に分割された後の西ローマ帝国の領域には、フランク族のほか、西ゴート族、東ゴート族、ヴァンダル族などの有力なゲルマン諸族が入植し、古代ローマ社会を侵食しつつ新たな社会体制を築きつつあった。

だが、建築の観点からは彼らは創造者というより破壊者だった。たしかに、東ゴート族を率いたテオドリクス大王は五世紀後半から六世紀初めにかけて、東ローマ帝国皇帝ゼノンの公認のもと「イタリア王」となり、ラヴェンナを中心に絢《けん》爛《らん》たる建築文化を築いた。今でもラヴェンナにはサンタポリナーレ・イン・クラッセ聖堂、サンタポリナーレ・ヌオーヴォ聖堂、テオドリクス王廟などすぐれた初期キリスト教建築が残っている。

とはいえ、四世紀末にイベリア半島に王国を築いた西ゴート族のアラリクス大王は四一〇年にローマを徹底的に破壊したし、先に述べたフランク族のクローヴィスも建築の分野ではこれといった足跡を残していないのである。アルプスの北側の西ヨーロッパ世界では、五世紀末から一〇世紀までの中世前半は基本的に建築不毛時代といってよく、パリも例外ではなかった。

この時期を代表する建築としては、アクイス・グラヌム（現在のドイツ・アーヘン）にカロルス大帝（カール大帝、シャルルマーニュ）が建立した宮廷礼拝堂がある。カロルスは八〇〇年に時の教皇レオ三世からローマの帝冠を授けられ、

テオドリクス王廟：大きさでは、古代ローマ最盛期の皇帝廟には及ばないが、総大理石造りであり、材料面では頑張っている。とりわけ、直径10メートルほどのドームはギリシアから運んできた一枚岩による。

アーヘンの宮廷礼拝堂：中央に八角形クーポラ（ドーム）をいただき、それを16角形の二層建造物が取り巻いた、東方的な集中式教会堂である。ラヴェンナのサン・ヴィターレ聖堂をモデルにしているといわれているが、全体のプロポーションはより垂直的なものとなっている。

フランク王国の最盛期を築いた偉大な王だった。現在のベルギー・リエージュ、オランダ・マーストリヒト、ドイツ・アーヘンのあたりは、今でこそ三か国に分かれた国境地帯だが、当時はひとまとまりの地域であり、フランクの諸王がこのんで宮廷を営んだ地域である。

復興西ローマ帝国の分裂

カロルスの死後、彼の孫の代、八四三年にヴェルダン条約によってフランク王国は三分割されて相続された。嫡孫《ちゃくそん》のロタール一世が帝国の皇位と、現在のベネルクスからロレーヌなどを抜けて北イタリアまで広がる中央の領域ロタリンギア（ロタールの国の意）を受け継ぎ、それを真ん中にして西フランクと東フランクに分かたれたのである。だが、ロタール二世の死により新たに八七〇年にメルセン条約によって中央帝国は解体され、この地域はその後、一体となった歴史をつむぐことはなかった。

一方、東フランクも九一一年にカロルスの系統（カロリング朝）が絶え、選挙王政に移行し、一時は神聖ローマ帝国（九六二〜一八〇六）として勢威を誇ったが、中世後期以降、諸侯のゆるやかな連合体となり、統一された勢力としてあらわれることはなかった。この東フランクがのちにドイツ語圏諸侯国となる。

フランス王国の誕生

西フランクでも九八七年にカロルスの系統が断絶し、やはり選挙王政に移行した。このときに王に選ばれたのはフランキア公・パリ伯ユーグ・カペーである。カペー家はカロリング朝の西フランク王国においてバイキング撃退に功のあった将軍を輩出した家系であり、誉れ高い武門の家柄だったが、ノルマンディ公やブルターニュ伯、トゥールーズ伯などの大諸侯に比べると勢威の劣る中堅の領主にすぎなかった。したがって、当初のカペー王朝の王権が直接およぶ範囲はパリ周辺イル＝ドゥ＝フランス地方にほぼ限られていた。

とはいえ、ユーグ王の後継者たちの努力により王権強化は順調に進み、西フランクはフランス王国として以後も統一された大勢力として西ヨーロッパ世界の歴史を動かしていく。パリはその中心として西ヨーロッパ随一の都市となっていくのである。

そして、一一世紀以降、フランス王国を中心に西ヨーロッパが経済的に復興していくと、第二千年紀（第二ミレニアム）を迎えての宗教心の新たな盛り上がりもあり、建築の世界でも新たな動きがさかんに起こってきた。ロマネスク建築の誕生である。

ロマネスク建築の特徴

じつは、ロマネスク建築の平面形式そ

サン・ジェルマン・デ・プレ聖堂鐘楼：頂部の尖塔は後世の付加だが、フランスでも最古の塔のひとつである。

サン・ジェルマン・デ・プレ聖堂鐘楼上部：全体に装飾のあまりない無骨なデザインだが、上部のアーケードには華麗な柱頭をもつ柱が幾本も配されてなかなかにぎやかである。

の他の概要は、初期キリスト教時代のバシリカ形式（コラム4参照）そのものといってよい。その最大の特徴は天井のつくりにある。もともと初期キリスト教時代のバシリカ式教会堂には天井が設けられていない場合が多く、木造の小屋組が下から丸見えの状態だったのだが、ロマネスク建築では、当時、おおいに発展した石造建設技術を駆使して、石造天井が築かれたのである。

このように、石やレンガなどで強固に建造された天井のことを「ヴォールト」という。なかでも、半円筒形のトンネル状に石材を組んだトンネル・ヴォールトや、トンネル・ヴォールトを直交させた交差ヴォールトがさかんに用いられた。

当時、石造建設技術が発展した背景としては、西ヨーロッパが経済的に復興し、農業生産の上昇や都市活動の活発化などによって、大規模な石造建築の建設が可能になったことや、城塞建築が石造で建設されるようになって、建設材としての石材が大量に供給される体制が整ったことも考えられる。

ロマネスク建築は西ヨーロッパ各地でさかんに建造され、国や地方によりさまざまに異なる特徴があった。

イタリア半島では、ピサ大聖堂のように、本堂と鐘楼《しょうろう》と洗礼堂《せんれいどう》を別個に建てるやり方が一般的だった。ライン川流域地方や低地地方（現在のベルギーなど）では逆に、多数の鐘楼が本堂と一体となった独特なシルエットを描き、とりわけドイツ語圏諸国では、入口側にもアプスをもうけた二重内陣形式が流行した。また、フランスではアプスの外側に周歩廊《しゅうほろう》をめぐらせ、さらに外側に小さな礼拝堂をいくつも連ねた放射状祭室《ほうしゃじょうさいしつ》という形式が多く採用された。このような多彩なローカル性こそがロマネスク建築の一方の特徴である。

とはいえ、各地の多くのロマネスク建築に共通する特徴もある。それは「ロンバルディア・バンド」、「ロンバルディア帯」と呼ばれる装飾で、軒の下や壁面を取り巻く水平帯（古代建築のエンタブレチュアのようなもの）の下端につらなる小アーチ群のことである。この装飾の名称は北イタリアのミラノを中心とするロンバルディア地方に由来するが、ロンバルディア・バンド自体がこの地方で発祥したのか否かはわからない。

サン・ジェルマン・デ・プレ聖堂

さて、パリのロマネスク建築の代表は、有名なショッピング街であり、カフェ・ドゥー・マゴなどのカフェ文化でもよく知られたサン・ジェルマン・デ・プレ地区にあるサン・ジェルマン・デ・プレ聖堂である。

この聖堂は六世紀以来の伝統を誇るサン・ジェルマン・デ・プレ（野原の聖ゲルマヌス）修道院の付属聖堂である。修道院の名は、五七六年にパリ司教聖ゲルマヌスがここに葬られたことに由来し、以後、歴代のフランク王（メロヴィング朝）の墓所となった。九世紀に四度にわたってノルマン人によって破壊され、現存する聖堂は九九〇年から一〇二一年にかけて建立されたものである。

さらに一一六三年、内陣が拡張され、教皇アレクサンデル三世によって献堂されている。同年、パリ司教モーリス・ドゥ・

サン・ジェルマン・デ・プレ聖堂身廊：もともとヴォールトは架かっておらず、木造小屋組が露出していたが、1646年にリブ・ヴォールトが架構された。

サン・ジェルマン・デ・プレ聖堂放射状祭室の円柱：聖堂後部（内陣、周歩廊、放射状祭室）は12世紀に建造されたので、リブ・ヴォールトなどゴシック的な要素もみられるが、柱の造形にはロマネスクの特徴がよく出ている。

シュリーはパリのノートル・ダム司教座聖堂の起工式を行っているが、パリ司教からの修道院の独立性を表明するために、司教は献堂式に呼ばれなかった。

この内陣およびその周囲の平面形式はフランスのロマネスクの特徴である放射状祭室の形式が採用されている。また当時は三本の塔がそびえていたが、今は正面ファサード中央に一本の鐘楼が建つ単塔形式で、バットレスと呼ばれる控《ひか》え壁が塔の壁体を横から支えている。バットレスは塔の壁体を支えるという構造的な機能を果たすと同時に、塔に上方をめざす方向性を強く与えるデザイン上の役も演じている。ただ、多くのロマネスク建築にみられるロンバルディア・バンドはない。

内部は、側廊《そくろう》、身廊《しんろう》、側廊からなる三廊形式で、それぞれヴォールトが架けられている。ヴォールトにはリブと呼ばれる骨組みのような細《ほそ》い石材が×印を描いている。こういうヴォールトをリブ・ヴォールトという。ロマネスク建築の多くにみられるわけではなく、むしろ、次のゴシック建築に引き継がれ、その大きな特徴となった。このリブ・ヴォールトも、一六四六年に内陣にならって建造されたものである。

身廊と側廊を隔てるアーケードの柱は角柱に円柱四本を埋め込んだような形状である。これは次のゴシック建築のやり方の萌芽《ほうが》といえるだろう。ロマネスク建築では、太い一本の円柱がアーケードのアーチを支える形をとることが多く、初期のゴシック建築でもこの形式をとっているものが多い。柱頭は、一般的なロマネスク建築と同様に、かつてのコリント式を思わせる植物の葉をあしらったものとなっている。ただし、現在は複製に置き換えられていて、一一世紀の本物はクリュニー博物館にあるとのことである。

column 4

初期キリスト教建築

教会堂建築の誕生

紀元一世紀初めに活躍した宗教指導者ナザレのイエスの弟子たちが始めたキリスト教はローマ帝国では異端《いたん》とされ、ネロ帝やドミティアヌス帝、ディオクレティアヌス帝などによりたびたび迫害されてきた。そのため、キリスト教は地下にもぐらざるをえなかったが、徐々に信徒を増やしていき、帝政末期にはペルシア由来のミトラ教と並ぶ勢力を得た。

そしてついに、三一三年、西帝国正帝コンスタンティヌスはいわゆるミラノ勅令《ちょくれい》を発し、キリスト教を公認した。これは、建築の世界では新たなビルディング・タイプが登場したことを意味していた。教会堂建築が誕生したのである。これを初期キリスト教建築という。

古代ローマの集会所を参考に

当時のキリスト教徒たちが教会堂を建設する際に参考にしたのは、古代ローマの集会所（バシリカ）の建築だった。これは横長の長方形平面の建造物で、内部には列柱廊がめぐっており、奥の壁面中央にはアプスと呼ばれる半円形平面のくぼんだ空間があった。彼らはこのバシリカのやり方を縦長の長方形平面の建造物に応用したのである。

それゆえ、このようにして建立された教

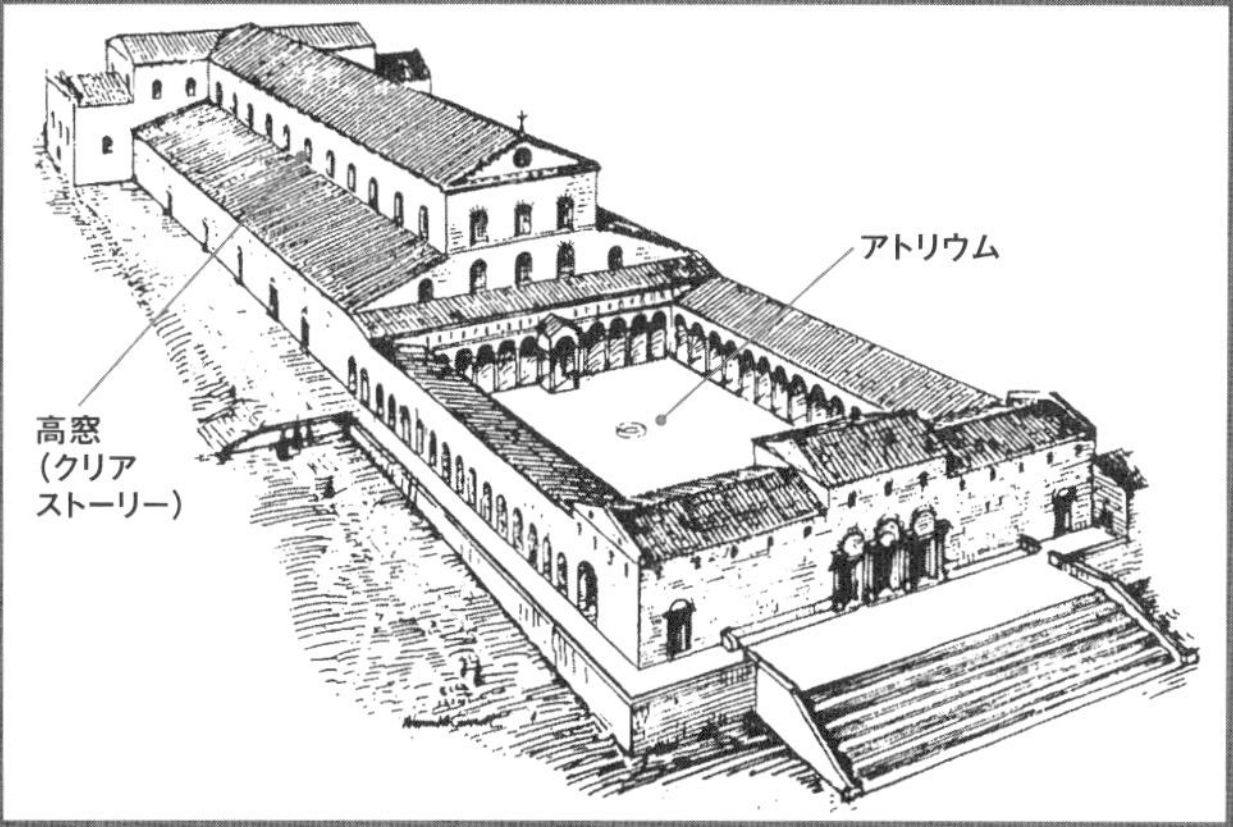

旧サン・ピエトロ聖堂の復元図：バシリカ式教会堂では、身廊部分がもっとも高くそびえている。身廊と側廊の高さの差を利用して高窓（クリアストーリー）が設けられ、堂内に光を導く。

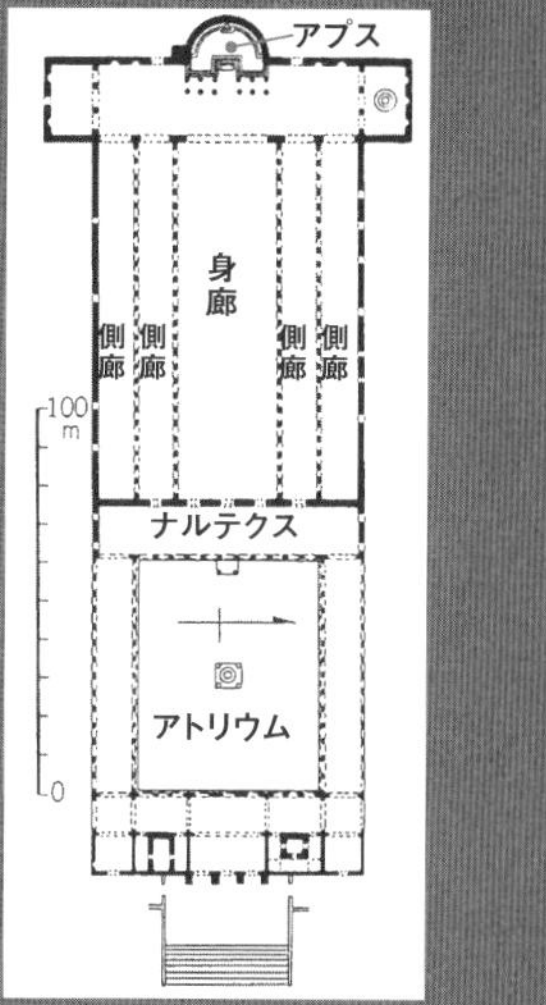

バシリカ式教会堂の平面図：4世紀のコンスタンティヌス帝時代から建立されたローマの旧サン・ピエトロ聖堂（現在の使徒座聖堂）の平面図。側廊が身廊の両側に二重に設けられた五廊形式。

会堂建築をバシリカ式（長堂式）教会堂という。バシリカ式教会堂は、建造物の外形を縦長にしたことによって入口からアプスへというひとつの強力な方向性をもつこととなった。

バシリカ式教会堂の大きな特徴は次の二点である。まず、長方形平面の空間が列柱やアーケードによって三つ（三廊形式）、または五つ（五廊形式）に分割されている点である。これにより、入口からアプスへと抜ける方向性がさらに強められている。中央の縦に細長い空間を身廊（ネイヴ）といい、身廊両脇の細長い空間を側廊（アイル）という。

なお、古代ローマ建築の伝統が残存していた帝政末期には、身廊と側廊を隔てる列柱を形成する柱としてイオニア式やコリント式の円柱が用いられることが多かった。ただ、五世紀後半以降はその柱頭の形態は著しく古代の原型から乖離《かいり》していく。

第二の特徴は教会堂の断面にある。すなわち、身廊の部分がもっとも高くなっており、両脇の側廊の部分は身廊よりも低くなっている。身廊にも側廊にも天井は張られておらず、小屋組が露出している。身廊の上の方、側廊屋根よりも高い位置には高窓（クリアストーリー）と呼ばれる開口部があって、身廊の効果的な採光手段となっている。

なお、初期キリスト教建築には以上のようなバシリカ式の系統のほかに、東帝国の領域でさかんだった集中式という系統がある。イタリア・ラヴェンナのサン・ヴィターレ聖堂はこの系統に属する。

サンタポリナーレ・イン・クラッセ聖堂（ラヴェンナ）：現存する最大級のバシリカ式初期キリスト教聖堂建築。大理石製の列柱はギリシアからアドリア海を渡ってもたらされた。柱頭のデザインは古代のコリント式円柱のそれと比べるとかなりデフォルメされている。

サン・ヴィターレ聖堂：６世紀前半の東ローマ帝国ユスティニアヌス帝時代に建立された集中式の聖堂建築。八角形のクーポラを中心としたその平面はアーヘンのカロルス大帝の礼拝堂にも影響を与えたといわれている。

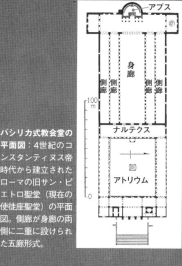

3

シテ島

十字軍の時代とゴシック建築の誕生

フランス王権の勃興

一一世紀を迎えると西ヨーロッパの経済的復興はすすみ、そのエネルギーはやがて外に向けられることになる。一〇九六年、クレルモン公会議において教皇ウルバヌス二世の熱意により十字軍の結成と聖地エルサレム奪回のための遠征が決定された。第一回十字軍はこうして始まった。

さらに、一一四七～四八年、第二回十字軍が送られた。このときのフランス王はルイ七世であり、アリエノール・ダキテーヌとの結婚により、それまで王権が及んでいなかったアキテーヌなど現在のフランス南西部にも勢力を広げつつあった。

アリエノールとはのちに離婚（一一五二）して敵対することとなり、この地方におけるイングランド勢力の伸張を許すことになるが、ルイ七世のあと、フィリップ二世（フィリップ尊厳王）、ルイ八世、ルイ九世と続くカペー朝の王たちのもと、フランスの王権はその名にふさわしい勢威を得ていく。

なかでもルイ九世（一二二六～七〇）は、いわゆるアルビジョワ十字軍（一二〇九～二九）により南仏の「異端」の諸勢力を平定し、さらに第六回（一二四八～五四）、および第七回十字軍（一二七〇）を編成して、北アフリカ遠征を果敢に行うなど（失敗したが……）、「大王」と呼ばれるにふさわしい事績をのこした。死後、列聖《れっせい》（一二九七）されて、聖ルイ（サン・ルイ）、聖王として、後世のフランス王たちにも尊敬されつづけた。

ゴシック建築の誕生

ゴシック建築が生まれ、西ヨーロッパ各地に広まっていったのはこのような時代である。ゴシック建築は、ルイ七世の治世において、側近として王を支えたサン・ドゥニ修道院の修道院長スゲリウス

サン・ドゥニ修道院付属聖堂の構造：フライング・バットレスが身廊の壁体上部を支えている。

Data

代表建築
パリのノートル・ダム大司教座聖堂
Cathédrale Notre Dame de Paris

様式
ゴシック様式、ネオ・ゴシック様式

住所
6, Place du Parvis Notre Dame, 75004 Paris

最寄り駅
地下鉄4号線
シテ
Cité
RER-B線、C線
サン・ミシェル=ノートル・ダム
Saint Michel - Notre Dame

（これはラテン語表記、現代フランス語ではシュジェ）という人物のアイデアから生まれたといわれている。

サン・ドゥニ修道院はパリ北郊にあって、歴代フランス王の墓を守ることになる重要な修道院だった。一二世紀前半、この修道院の付属聖堂はロマネスク様式により建造が進められていたが、スゲリウスは堂内をもっと光に満ちた空間にしたいと考えていた。この場合の「光」とは神に由来する光、いわば「神の光」である。

サン・ドゥニ修道院付属聖堂ファサード：向かって左側の塔は未完成。基本的にはロマネスク様式による。中央上部の薔薇窓の周囲には、新約聖書でキリストの生涯を描いた四福音史家の象徴である天使（聖マタイ）、獅子（聖マルコ）、牛（聖ルカ）、鷲（聖ヨハネ）のレリーフがみられる。

じつは、ロマネスク建築ではスゲリウスの構想は実現できなかった。ロマネスク建築は重い石造ヴォールトを備えていて、これが構造上の問題として立ちはだかっていたのである。まず、石造ヴォールト自体が重かった。

つぎにトンネル・ヴォールトや交差ヴォールトを築いた場合、ヴォールトの自重により半円筒形が横に開く力（これをスラストという）がかかるという問題があった。この二つの問題を解決するために、ロマネスク建築の壁体は厚く、また、開口部を少なくせざるをえなかった。そのため、ロマネスクの堂内はかなり暗かったのである。

しかし、スゲリウスのいう神の光で堂内を満たすには、壁体をできるだけ薄くし、開口部も大きくしなければならないはずである。ようするに、当時の工匠《こうしょう》たちは、壁体を厚くして開口部を減らすというロマネスク建築の構法とは別の構法を工夫しなければならなかった。そこで浮上したのが、ポインテッド・アーチ（尖《せん》頭《とう》アーチ）の採用とフライング・バットレス（飛梁）の構築である。

ポインテッド・アーチとは、二つの円《えん》弧《こ》を組み合わせたアーチのことで、それにより先が尖ったような形となることからそう呼ばれる。聖堂の縦方向と横方向ともにポインテッド・アーチを採用することにより、ヴォールト天井の形状も半円筒形のような単純な形態ではなくなり、稜線《りょうせん》が複雑に入り組んだものとなった。

くわえて、これらの稜線にリブといわれる骨組みのような細い石材が装飾的に施されたため、かなり高度な石造建設技術が必要とされたが、ヴォールトが上に長くなった分、スラストが弱められた。

そして、その弱められたスラストを横から直接支えるのがフライング・バットレスである。もともと、主要壁面を横から支えるため、主要壁面に対して垂直に短い壁体を建造するという技法があり、この横にたてかけた短い壁体を「バットレス」というのだが、教会堂建築の場合、身廊の脇に身廊より低い側廊があるため、身廊の壁体を支えるためにはこの方法は

サン・ドゥニ修道院付属聖堂のアプス後方の円柱の柱頭：柱の造形、とりわけ柱頭はまだロマネスク様式である。

使えない。

　そこで、側廊の壁体を支えるバットレスをさらに上にのばして一種の角柱のようなものを建造し、角柱上部から身廊壁体上部に斜めにアーチを架けるという方法が編み出されたのである。身廊壁体を直接横から支えるこのアーチをフライング・バットレスという。

　この二つの方法により、石造ヴォールトの自重とスラストの問題を解決して、ロマネスクよりも薄い壁体に大きな開口部をあけることが可能になった。これらの開口部にステインド・グラスを配して堂内を多様な光で満たしたのが、スゲリウスのアイデアから誕生したゴシック建築である。現在のわれわれは、ステインド・グラスの向こう側の外界の光が透過されてステインド・グラスが輝いて見えるのだと理解しているが、当時の人々には、教会堂の壁体自体が神の光で輝いているように感じられたという。

　かくして、一一三六年から一一四四年にかけて、サン・ドゥニ修道院付属聖堂のアプスと放射状祭室の部分が建設され、これがゴシック建築事始めとなった。すでに言及したゴシック聖堂建築の特徴をまとめると次のようになる。

①ポインテッド・アーチの採用
②リブ・ヴォールトの適用
③フライング・バットレスの構築

聖母信仰の興隆

　ゴシック建築は、その後、またたくまにイル＝ドゥ＝フランス地方に広まっていった。とりわけ、一二世紀後半から一三世紀にかけて建設されたシャルトル、ランス、アミアンのノートル・ダム大聖堂は三大ゴシック聖堂とも呼ばれ、質量ともにゴシックの傑作といってよい。

「ノートル・ダム」とは直訳すれば「われらがご婦人」となり、つまりは聖母マリアのことである。一二世紀以降、フランスでは聖母マリア信仰がさかんになり、各地にノートル・ダム聖堂が建立された。また、この時期、農業生産が高まり、農村から都市への人口流入もあって、フランス各地で都市活動が活発になっており、聖母マリアに捧げられた壮麗なゴシック聖堂はこれらの都市の栄光を担う存在でもあった。

パリのノートル・ダム大聖堂

　もちろん、王国最大の都市パリでも一

サン・ドゥニ修道院付属聖堂のアプス後方の周歩廊：スゲリウスのめざした光あふれる聖堂空間が実現された。

二世紀後半からその名に恥じないノートル・ダム司教座聖堂（のちに大司教座聖堂に格上げ）が建設されていた。場所は王宮もあるシテ島内である。モーリス・

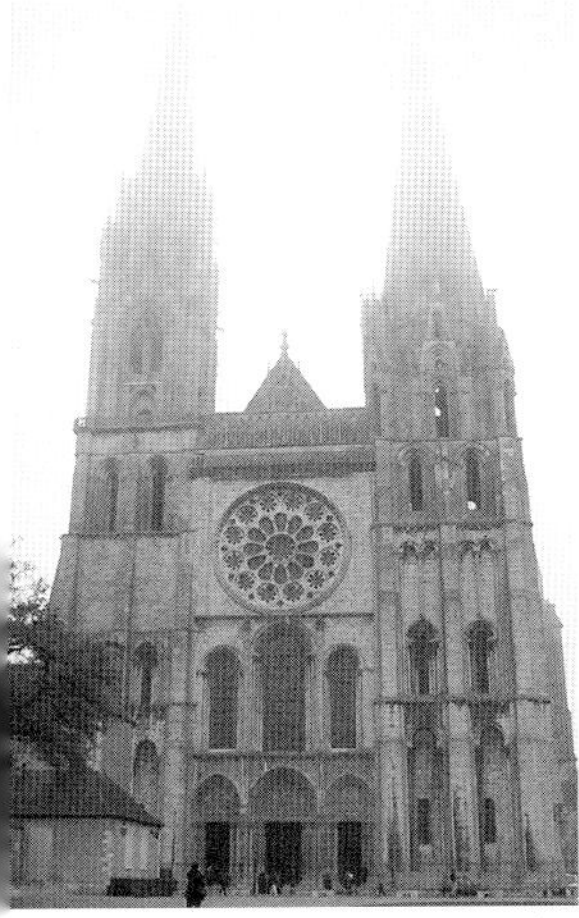

シャルトルのノートル・ダム司教座聖堂ファサード：ファサードにはロマネスク様式の部分もみられる。

ランスのノートル・ダム大司教座聖堂ファサード：伝統的にフランス王が戴冠することになっている由緒ある大司教座聖堂。

アミアンのノートル・ダム司教座聖堂ファサード：基本的に左右対称だが、建設年代の違いを反映して2本の塔の上部のデザインがやや異なっている。

ドゥ・シュリー司教と石工ピエール・ドゥ・モントルイユのかけ声のもと、一一六三年に着工し、主要な工事だけでも一二五〇年まで続いた。さらに、当初設計された部分が完成したのは一三四五年のことだった。正面ファサードの左右に二本の塔を備えた双塔《そうとう》形式で、これがフランスのゴシック聖堂のスタンダードとなった。また、フランスのロマネスク聖堂でみられた放射状祭室の形式はゴシックでも継承され、むしろゴシック聖堂の大きな特徴ともいえるものとなっていった。

着工当初は、世はいまだロマネスク様式が優勢だったので、ファサードの一部、すなわち、正面向かって右側のポルタイユ（主要入口）にロマネスク的な痕跡があって、半円形アーチをポインテッド・アーチにむりやり改造したような跡がある。

また、身廊と側廊を隔てるアーケードを支える柱として、一部にロマネスク的な太い一本の円柱となっている部分がみられる。これらは着工してまもなく建てられたもので、のちに建造されたものでは、複数の円柱を組み合わせたピア（束ね柱）の形式になっている。

一方、ヴォールトを下からみると×印に水平線がもう一本入っている形のものが連続している。これは六分ヴォールトと呼ばれるもので、初期のゴシック建築によくみられた。中期以降のゴシックではより簡素な×印が連なる四分ヴォールトが採用されることが多い。

以上のように、パリのノートル・ダム司教座聖堂は建築様式の観点からは、ロマネスク様式のテイストを一部に残した初期ゴシック建築の傑作といえる。一般に、ゴシック聖堂は完成までに数十年から数百年を要するため、各時代ごとに微妙に異なる様式が混在している場合が多い。それも、基本的に左右対称形を志向しながら、左右で建造年代が違うために細かいところでは微妙に異なる場合もある。ゴシック建築を訪ねたときは、このような各時代ごとの特徴に注意を払うとおもしろいのではないだろうか。

一方で、ゴシック建築には別の見方もある。ポルタイユやステインド・グラス

コンシエルジュリー内部：シテ島西部にはかつて王宮があった。その1階の大ホールとその周辺だけが当時のまま現存する。王宮がルーヴルに移った後は、一部が牢獄として使用されるようになり、フランス革命のときにはマリー・アントワネット王妃が一時収監されていた。

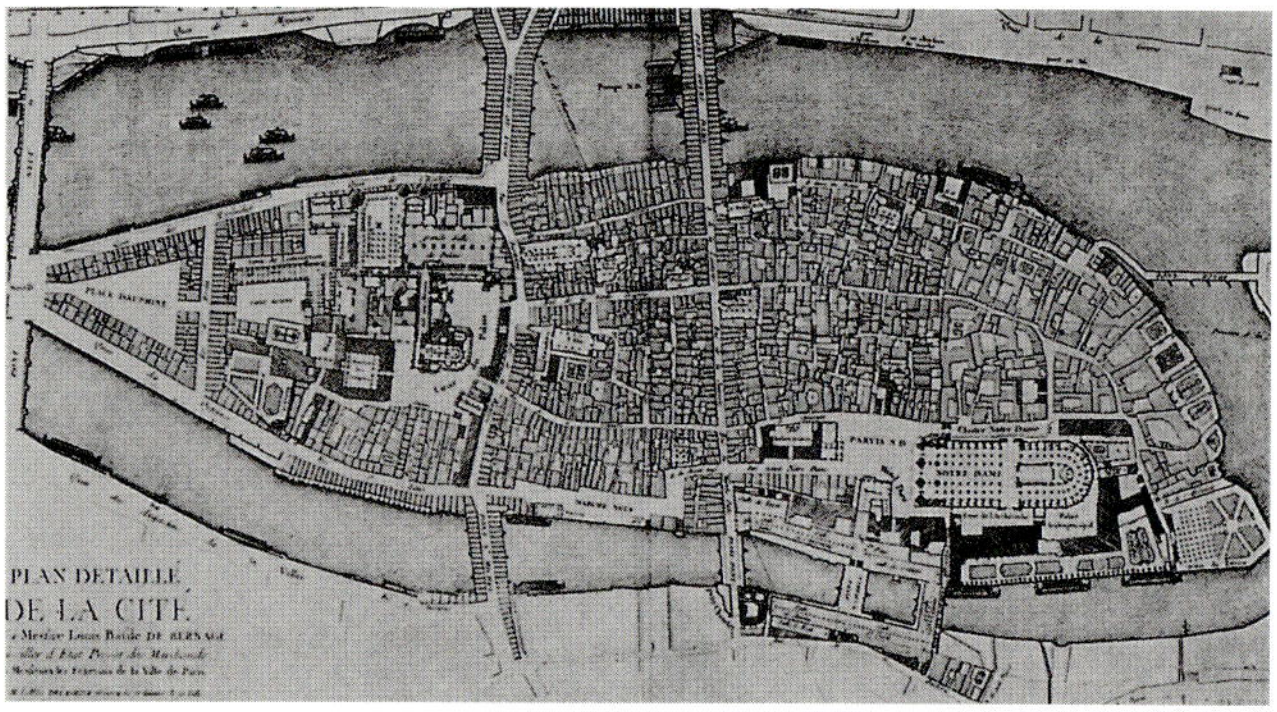

シテ島平面図：17世紀のシテ島の様子。右に大聖堂、左上に旧王宮がある。

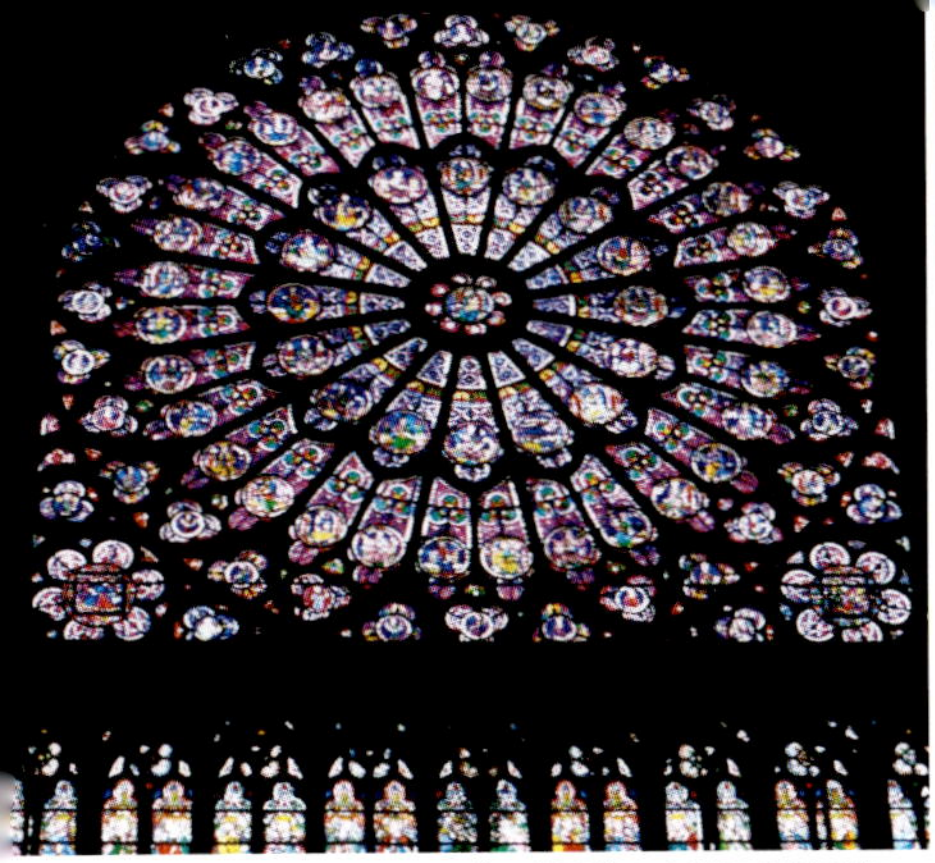

パリのノートル・ダム大聖堂の交差廊北端の薔薇窓：聖母子像を中心に旧約聖書の登場人物が配されている。シャルトル大聖堂の同じ位置にある薔薇窓と同じ主題による。

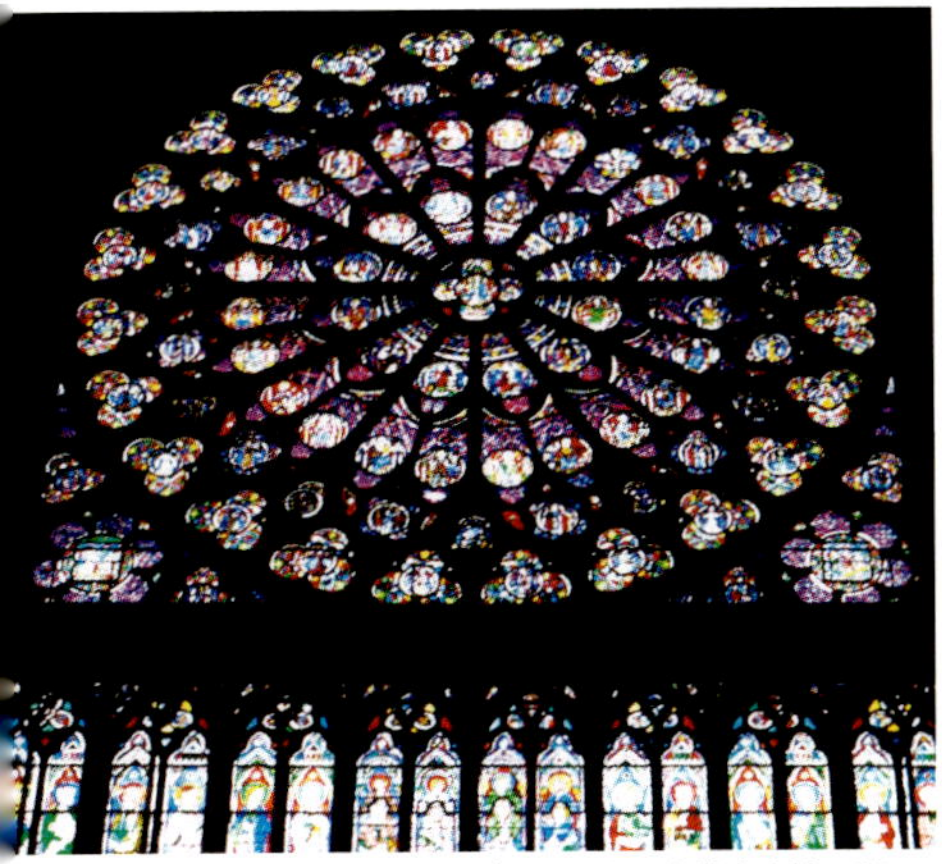

パリのノートル・ダム大聖堂の交差廊南端の薔薇窓：キリストを中心として天使やその他の人物が配されている。ここではシャルトルの首尾一貫した図像プログラムは放棄されている。

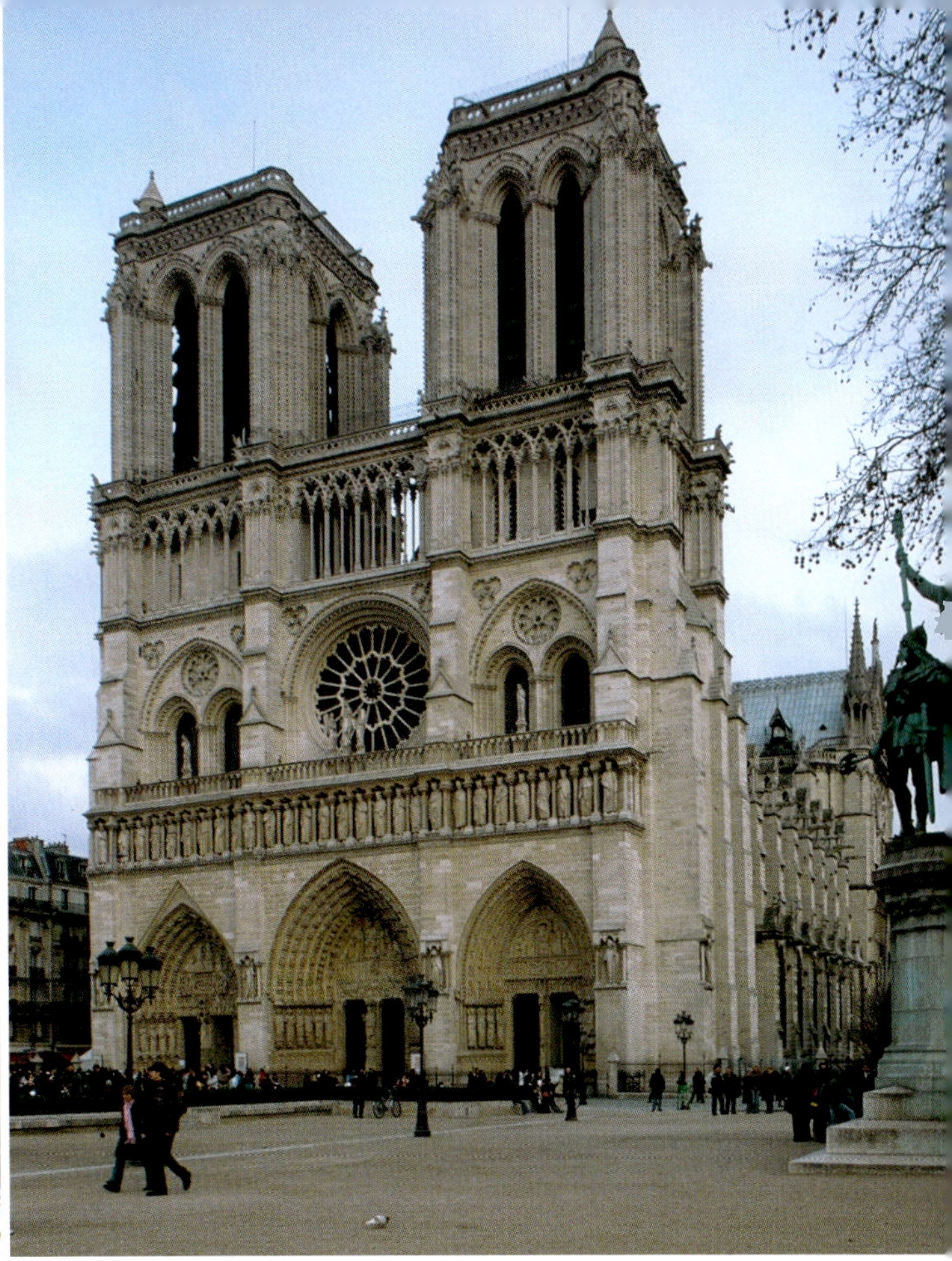

パリのノートル・ダム大聖堂ファサード：三廊形式の平面がファサードにもはっきりとあらわれているが、左右に2本の塔を配することで本堂の断面形はあらわれていない。ゴシック建築は下から上へと伸びる垂直的なデザインを特徴とするが、初期ゴシックの本作では水平的な要素もかなりみられる。

に、何が描かれているのかという視点である。ゴシック建築は彫刻やステインド・グラスを駆使して、聖書や聖人伝のさまざまなエピソードを表現しており、「石の聖書」ともいわれているのである。パリのノートル・ダム大聖堂では、とりわけ、三つの薔薇窓《ばらまど》のステインド・グラスと正面ファサードの三つのポルタイユの上のレリーフが重要である。

薔薇窓とは正面ファサード中央、および、交差廊（袖廊ともいい、英語ではトランセプト）の端部中央にもうけられた円形のステインド・グラスのことで、これがイル＝ドゥ＝フランス地方のゴシック建築の特徴のひとつにもなっている。パリのノートル・ダムの薔薇窓に描かれる主題の選定には、少し後に建設が始まったシャルトルのノートル・ダム司教座聖堂の薔薇窓の影響がみてとれる。

シャルトルのノートル・ダムでは、北の交差廊端部の薔薇窓に聖母子を中心とした旧約聖書の預言者たちの図像、南の交差廊端部では、キリスト受難や使徒たちなどの新約聖書に由来する図像、そして、正面ファサードの薔薇窓では、新約聖書最後の章「ヨハネ黙示録」に記された最後の審判の図像が描かれた。すなわ

パリのノートル・ダム大聖堂のアーケード：初期に建設された部分はロマネスク的な太い円柱がアーケードを形成しているが、この柱は太い円柱に中くらいの太さの円柱が4本とりついたものである。ゴシックの柱は細い柱が束ねられたような形状のピアと呼ばれるものであり、そこへと至る過渡的なものといえる。

パリのノートル・ダム大聖堂の正面向かって右側のポルタイユ：サンタンヌ(聖アンナ)のポルタイユ。上部には厳かな雰囲気の聖母子像が鎮座し、向かって右端にひざまずいたルイ7世（？）、左端に司教杖を携えたパリ司教モーリス・ドゥ・シュリー（？）が彫られている。この部分の彫刻はロマネスク的であり、レリーフ形状もロマネスク的な半円形アーチを前提としたものとなっている。

パリのノートル・ダム大聖堂の正面中央のポルタイユ：最後の審判のポルタイユ。中央上部には最後の審判を執り行うキリストが鎮座している。その足下では天国に行く人々と地獄行きの人々が列をなしている。下段は18世紀に取り去られていたが、19世紀にヴィオレ=ル=デュクによって復元された。

パリのノートル・ダム大聖堂の正面向かって左側のポルタイユ：聖母マリアのポルタイユ。聖母被昇天の主題が取り上げられている。中段では聖母マリアが地上における生を終える場面が描かれ、上段でキリストから祝福を授けられている聖母マリアが鎮座している。聖母戴冠の場面である。

ち、キリストの過去、現在、未来の表現である。

　パリのノートル・ダム大聖堂でも、正面ファサードの薔薇窓では、審判を下すキリストの図像を中心に最後の審判の場面が描かれている。ただ、交差廊の南端の薔薇窓ではシャルトルの構図は崩れている。すなわち、南端には王座についたキリストを中心にして天使や聖人たちが描かれており、過去、未来、未来という崩れた構成となっている。

パリのノートル・ダム大聖堂の放射状祭室：放射状祭室の上にフライング・バットレスが華麗に架構されている。

正面ファサードの三つのポルタイユでは聖母マリアのエピソードを軸に物語が展開している。向かって右側のポルタイユはサンタンヌ（聖アンナ）のポルタイユといわれており、聖母子像を中心に聖母マリアの生母アンナと聖母の生涯が描かれている。向かって左側のポルタイユは聖母《せいぼ》被昇天《ひしょうてん》を主題とし、聖母の埋葬と天上において冠を授けられる聖母の姿が描かれている。

一方、中央のポルタイユでは薔薇窓の主題と呼応するように、最後の審判の場面が描かれている。中央上部に座すキリストの足下で、天国に行く人々と地獄に行く人々が分けられている。

じつは、ポルタイユ周辺の彫刻も含めて正面ファサードの彫刻群は、フランス革命後の破壊運動（ヴァンダリズムという）のさなかにかなり破壊されていた。とりわけ、三つのポルタイユの直上に並んでいる旧約聖書の諸王の彫像は、革命時にはフランス歴代の王の像と誤解されていて、引きずり下ろされて徹底的に破砕されてしまったのである。今みることができるような美しいファサード彫刻は、一九世紀の偉大な修復建築家・理論家ヴィオレ＝ル＝デュクの功績に帰せられる。

聖王ルイ九世とサント・シャペル礼拝堂

キリストの「荊冠」を購入

すでに述べたとおり、ルイ九世は聖王ルイとも称され、祖父のフィリップ二世尊厳王とともにカペー朝を代表する王の一人である。その彼が残した最高の建築遺産は、シテ島の現在の最高裁判所の敷地内にあるサント・シャペル礼拝堂ではないだろうか。

じつは、最高裁判所の敷地にはかつて王宮があった。サント・シャペル礼拝堂はこの王宮の付属礼拝堂として建設されたのである。その契機となったのは、第四回十字軍でビザンツ帝国（東ローマ帝国）に勝利して建国されたラテン帝国からキリストの「荊冠《けいかん》」を購入したことだった。

キリストの荊の冠とは、キリストが逮捕されてローマ人の総督のもとに引き渡された後に、ローマの兵士たちがキリストの頭に荊《いばら》でつくった冠をかぶせて鞭打《むちう》ったという、『新約聖書』の各福音書（マタイ、マルコ、ヨハネの福音書）が伝えるエピソードに登場する聖遺物である。

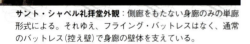

伝統的にそう伝えられてきたこの冠は代々のビザンツ帝国皇帝により継承されてきたが、第四回十字軍によりコンスタンティヌポリス（コンスタンチノープル）からビザンツ皇帝が追われ、十字軍の騎士たちによって建てられたラテン帝国皇帝が手中に収めることとなった。ただ、この帝国を建国し維持するためにヴェネツィアなどからの膨大な借金を背負っており、その借金を肩代わりすることを条件にルイ九世が買い取ることになったのである。

サント・シャペル礼拝堂外観：側廊をもたない身廊のみの単廊形式による。それゆえ、フライング・バットレスはなく、通常のバットレス（控え壁）で身廊の壁体を支えている。

聖王ルイ9世（在位1226～70）：死後、列聖されて、聖ルイ（サン・ルイ）、聖王として、後世のフランス王たちにも尊敬されつづけた。

巨大な聖遺物箱

かくして、一二四三年から一三〇八年にかけてサント・シャペル礼拝堂は荊冠を納めるべく、石工棟梁ピエール・ドゥ・モントルイユによって建設された。聖堂建築と

サント・シャペル礼拝堂のステインド・グラス：旧約聖書の創世記の物語などが語られる。その前には12使徒の彫像が等間隔で配置されている。

しては小規模であり、身廊のみからなる単廊形式の建造物である。そのため、フライング・バットレスは使用されず、バットレスのみによって身廊の壁体が支持されている。また、この礼拝堂を建てるための建設費（四万リーヴル）よりも荊冠の購入費（一三万リーヴル余）のほうが高かったといわれている。だが、一方で、この礼拝堂は荊冠を納める「聖遺物箱《せいいぶつばこ》」ともいえるものであり、聖遺物箱としては巨大なものである。

内部は二階建てになっており、一階は臣下のための礼拝堂、二階は王の礼拝堂となっている。二階正面にはバルコニーがついており、王宮の二階から直接この礼拝堂に入ることができた。この聖堂は、ヴァンセンヌ城塞付属礼拝堂やヴェルサイユ宮殿付属礼拝堂にも影響を与えたといわれている。

それにしても、二階の礼拝堂の美しさは息をのむばかりである。ステインド・グラスには新旧聖書のエピソードがちりばめられ、それらのあいだには十二使徒たちの彫像が並んでいる。色大理石をふんだんに用いた床、青地を基調とした美しい四分ヴォールトの天井、そして、全体を取り囲むステインド・グラスのきらめきは、まるで宝石箱の中にいるかのようだと形容される。

4 ヴァンセンヌの森

百年戦争と城塞建築

ヴァロワ王朝の始まりと百年戦争

一三〇三年、聖職者への課税をめぐってローマ教皇ボニファティウス八世とフランス国王フィリップ四世が対立するなか、教皇が不審死するという事件が起きた。このアナーニ事件をきっかけに、中世に隆盛を誇った教皇権も凋落し、教皇はローマから南仏の都市アヴィニョンに連れてこられて教皇の権威も完全に失墜、以降、一三七七年まで教皇庁はアヴィニョンにあって、フランス王の強い影響下に置かれることとなる。世にいう「教皇のバビロン捕囚《ほしゅう》」がこれである。

こういうわけで、一四世紀にはフランス王権は教皇権をもしのぐほどに強化された。だが、この絶頂の時代に北方から難事が到来した。一三二八年、ユーグ王以来続いてきたカペー王朝が断絶し、カペー家傍系のヴァロワ伯家から王が立った。一五八九年まで続くヴァロワ王朝の始まりである。このフィリップ六世のフランス王位継承に対してイングランド王エドワード三世（エドゥアール三世）が抗議の声を上げ、自らのフランス王位継承権を主張したのである。

それゆえ、後にフランス王位継承のルールにはフランク王国以来のものといわれていた伝統に従って、男系継承だけが認められるようになった。すなわち、女王はおろか、あいだに女性の血筋を挟んでの継承は一切認められなかったのである。そこで直系の男子が絶えた場合は、

ルーヴル城塞ドンジョンの基礎：16世紀に王宮がルーヴルに移されたときにドンジョンはまっ先に除去されたが、現在でもルーヴル美術館の地下には城塞時代のドンジョンや城壁の基礎部分が残っている。

ルーヴル城塞の復元模型：ルーヴル城塞はほぼ正方形平面の城塞で、城壁に囲まれた、やはりほぼ正方形の中庭の中央に円筒形の巨大なドンジョンが築かれた。ドンジョンのまわりには堀が設けられた。塔は四隅と各城壁の中央に建設され、計8本（うち2本は城門が設けられたシャトレ）となった。

Data

代表建築
ヴァンセンヌ城塞
Château de Vincennes

様式
ゴシック様式、バロック様式

住所
Avenue de Paris, 94300 Vincennes

最寄り駅
地下鉄1号線
シャトー・ドゥ・ヴァンセンヌ
Château de Vincennes

シャルル５世がルーヴルの西に築かせた市壁の基礎：これはルーヴル美術館の地下で発掘されたものである。

もっとも近く、かつその時点で男系継承が途切れていない傍系の当主（当然男性である）が王位を継ぐことになる。

結局、フランス王フィリップ四世の孫であるとはいっても、母系であるエドワード三世にフランス王位継承権が認められることはなかった。エドワード三世も一度はそれを認めている。だが、一三三七年、それでも彼は事を起こした。百年戦争はこうして始まった。

緒戦はイングランド側が圧倒的に優勢だった。とりわけ、一三四六年のクレシーの戦いと一三五六年のポワティエの戦いでフランス軍は大敗し、ポワティエの戦いでは国王ジャン二世が捕虜《ほりょ》となっている。これにともない実質上の王となった王太子シャルルも、エティエンヌ・マルセルに率いられたパリ市の反乱（一三五七～五八）やジャックリーの農民反乱（一三五八年五～六月）に悩まされ、一三六〇年にはイングランドと屈辱的なブレティニー条約を結ばざるをえなくなり、王国の半分を失った。

だが、この王太子がシャルル五世として即位すると事態はやや好転し、一三七二年夏には失った王土の奪還に成功した。

首都防衛体制の構築

他のヨーロッパの都市と同様、古代のルーテーティア時代からパリは都市を取り巻く城壁＝市壁によって防禦されていた。とりわけ、カペー朝のフィリップ二世尊厳王の時代に充実した都市防禦態勢が整った。セーヌ川の両岸に広がっていた市街地を包含する大規模な市壁（一一八〇〜一二一〇）が構築され、さらにセーヌ川右岸の下流側、すなわち、市壁の西端に拠点要塞としてルーヴル城塞が築かれたのである。

そして、百年戦争が始まった一四世紀末には、発展したセーヌ右岸側に新たな城壁（シャルル五世の市壁）が建設され、さらにパリ市壁の東端にバスティーユ城塞が建設された。これによりパリは、セーヌ川の上流側でも下流側でも強固に守られることになった。ただ、ルーヴル城塞のほうはすでにシャルル五世賢王（一三三八〜八〇）の時代から王家の離宮としても用いられるようになったため、軍事一辺倒ではなく、居住部分の充実も図られた。シャルル五世が読書室などのプライヴェートな空間を整備させたのは「ドンジョン」と呼ばれる城塞主塔の中だった。

シャルル５世賢王（在位1364〜80）：イングランドから王土奪還に成功した賢王。

垂直式防禦による城塞建築

当時の城塞建築のことをフランス語で「シャトー」、英語で「カースル（キャッスルは米国英語）」という。また、城塞中央には、フランス語で「ドンジョン」、英語で「キープ」と呼ばれる主塔があり、わが国の近世城郭にたとえるなら、いわば天守閣にあたる部分となっていた。

このドンジョンのまわりに城壁がめぐらされ、城壁にはいくつかの塔がもうけられた。塔と塔のあいだの城壁のことをとくに「幕壁《まくへき》」といい、フランス語では「クールティーヌ」、英語では「カーテン・ウォール」という。城壁内側には城壁を外壁面として利用しつつ、城内の諸施設が建設された。

城門部分はとりわけ堅固に防禦された。そこだけとってみても小さな城塞のようなので、この部分を「シャトレ」、すなわち「小城塞」という。シャトレという名は現在のパリにも地区名として残っている。

以上のような防禦方式を垂直式防禦といい、城壁や塔の「高さ」自体を武器として都市や拠点を守るこの方法は、古代にはすでに確立したものだった。したがって、その攻略法やそれに使用する機械・道具も古代から中世にかけてあまり変化はない。

紀元前三〇年代から同二〇年代にかけて活躍したローマの建築家・軍事技師ウィトルウィウスは、現存する唯一の古代の建築書である『建築十書』（ウィトルウィウス：『ウィトルーウィウス建築書』、森田慶一訳、東海大学出版会、東京、一九七九年）の第一〇巻において、攻城戦に使用する投石機や「亀」と呼ばれる木製の可動塔の製作法を解説しているが、フランス中世の事情も、ウィトルウィウスの時代と本質的にはそれほど変わらなかったはずである。

ヴァンセンヌ城塞のドンジョン：高さ50メートルにもおよぶドンジョンの内部は6層に分かれていて、閣議の間や王の寝室が配されている。四隅には小塔がとりついていて、内部は図書室や衣装室などさまざまな用途に用いられていた。

ヴァンセンヌ城塞のシャトレとドンジョンをつなぐ橋：城門のあるシャトレ(小城塞)にはシャルル5世の執務室があり、ドンジョンからはこの橋から直接アクセスすることができた。

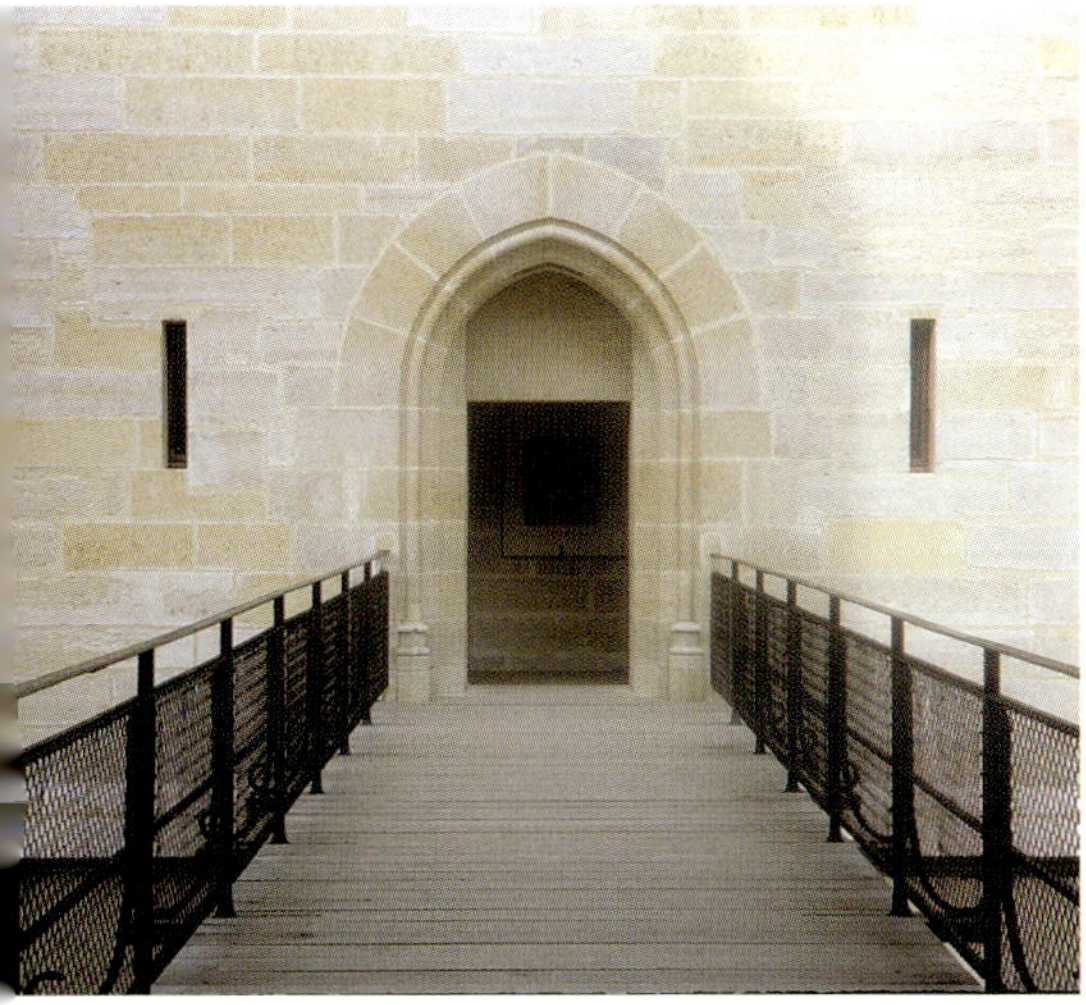

ヴァンセンヌ城塞——中世のヴェルサイユ

ヴァンセンヌ城塞は、当時のパリの市街地からは東にやや離れたところに位置しており、「中世のヴェルサイユ」ともいわれている。ルーヴル城塞の軍事的機能がルーヴル宮殿として王宮へと発展するなかで消失し、バスティーユ城塞がバスティーユ牢獄となってフランス革命のときに取り壊されてしまった現在、ヴァンセンヌ城塞はパリ市内において中世城塞のあり方をもっともよく伝えてくれる建築遺産である。

この地には、カペー朝のルイ七世以来、

王家の別荘があり、ルイ九世などの諸王はここへの滞在をおおいに好んだ。ヴァロワ朝の時代に入ると、パリの東を防衛し、かつ、パリ市内の反乱に備えるためにここに城塞が築かれることになった。「中世のヴェルサイユ」ヴァンセンヌ城塞の誕生である。

　ヴァンセンヌ城塞には中世城塞としての顔と一七世紀のバロック宮殿としての顔との二つの側面がある。中世城塞としてのヴァンセンヌの中心となるのは、方形のドンジョンと、やはり方形にそれを取り囲む城壁がめぐらされている部分である。城壁の四隅には小塔が設けられている。この部分は、ジャン二世および王太子シャルルによって一三六一年から一三七一年にかけて建設された。当時としてはかなりの突貫工事である。

　現在は城壁上には木造の屋根が架けられていて、城壁の上をめぐる一種の回廊のようになっている。当時は屋根はなかったという。城壁の外側には空堀がめぐらされているが、当時は水堀だった。

　一三六四年、王太子シャルルがシャルル五世としてフランス王に即位すると、シャルル五世はドンジョンに居住することも多くなり、ドンジョンとその周辺には王の寝室、執務室や図書室、衣装室など、居住に必要な諸室がしつらえられた。高さ約五〇メートルのドンジョン本体の中身は六階建てで、各階がそれぞれホールになっていて、四隅の塔に小さな部屋が設けられている。ホール天井四隅には四福音史家を象徴する動物などがあしらわれ（マタイ＝天使、マルコ＝獅子、ルカ＝牛、ヨハネ＝鷲）、天井四辺中央には『旧約聖書』の預言者たちのレリーフがみられる。また、ドンジョンの窓の下にはそれを支えるかのように、ゴシック様式のマスク装飾が添えられている。

　正面は東側であり、東側城壁中央に城門（シャトレ）がもうけられた。シャトレ二階には前述のシャルル五世の執務室があった。存外狭い部屋である。さらに階段を上るとシャトレの屋上に出る。やはり、矢狭間をもうけたパラペット（胸壁）がめぐっている。

　シャルル五世は一三七二年末から一三八〇年にかけて、ドンジョンを中心として、ほぼ正方形平面を描く城壁からなる

ヴァンセンヌ城塞の城壁上の回廊：建造当初は屋根はついていなかった。回廊の外側（写真左）には石落としが並んでいる。

ヴァンセンヌ城塞シャトレ内にあるシャルル５世の執務室の暖炉：城門の真上に位置する執務室は存外狭い。

当初の城塞正面（東側）にさらに広い城地を得るべく、当初の城塞の二〇倍もの長方形敷地を囲むように壮大な城壁、九本の塔と堀を築かせた。この城壁の北辺中央、東辺中央と南辺中央の塔には城門が設けられた。軍事建築であるため、聖堂建築や邸館建築のような華麗な装飾が施されたわけではないヴァンセンヌ城塞にあって、城門は城内でもっとも充実したゴシック様式の装飾で飾られている。城門の前には跳ね橋が架かっている。

　シャルル五世はここで政治を行うことを企画し（まさに「中世のヴェルサイユ」！）、新しい城壁で囲まれた敷地にはさまざまな建物が建てられた。城塞建設以前からあった別荘もこの範囲に含まれていた。そして、城塞付属礼拝堂（これもサント・シャペル礼拝堂という）も一三七九年から建設されはじめた。ドンジョンの正面に相対するように建っている。王宮付属のサント・シャペル礼拝堂と同様の単廊形式の聖堂で、やはりバットレスのみによって身廊壁体を支えるという構造になっている。ただ、王宮付属のサント・シャペル礼拝堂が二階建てであるのに対し、ヴァンセンヌ城塞付属のサント・シャペル礼拝堂は一階建てである。工事は一四

ヴァンセンヌ城塞ドンジョンの外壁装飾：窓の下には天使などの彫像が彫られている。

ヴァンセンヌ城塞ドンジョン内部のホール：各ホール中央には天井を支えるピア（束ね柱）がある。天井はゴシックの典型的なリブ・ヴォールトである。

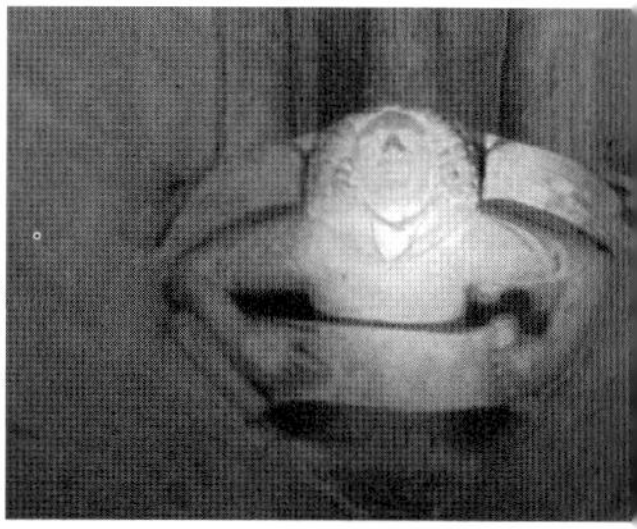

ヴァンセンヌ城塞３階ホールの福音史家マタイ：サン・マティウ（聖マタイ）は天使の姿で表現される。

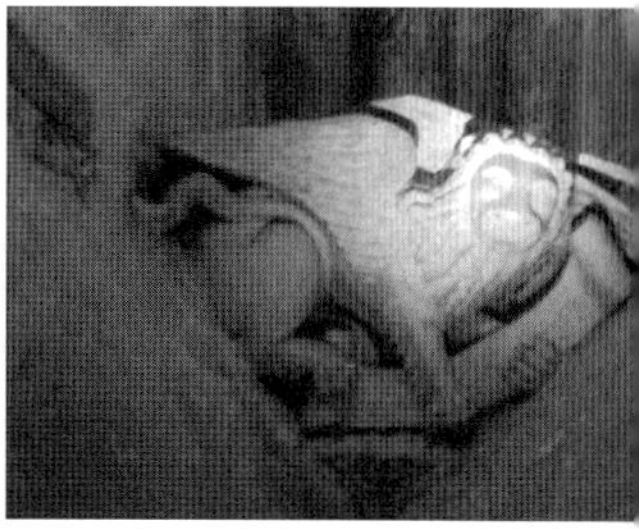

ヴァンセンヌ城塞３階ホールの福音史家マルコ：サン・マルク（聖マルコ）は獅子の姿で表現される。

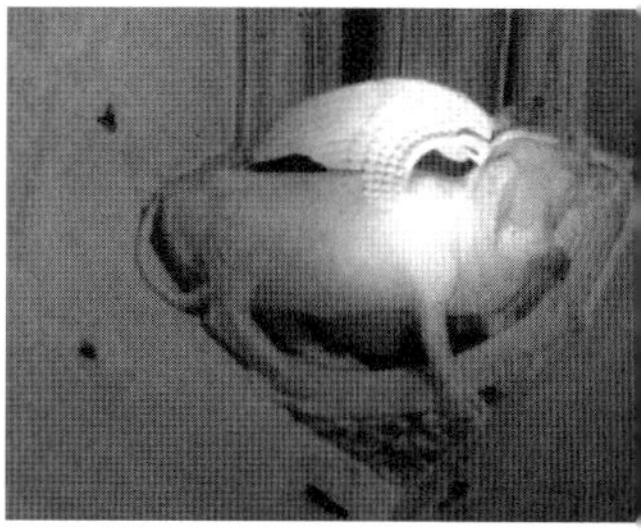

ヴァンセンヌ城塞３階ホールの福音史家ルカ：サン・リュク（聖ルカ）は牛の姿で表現される。

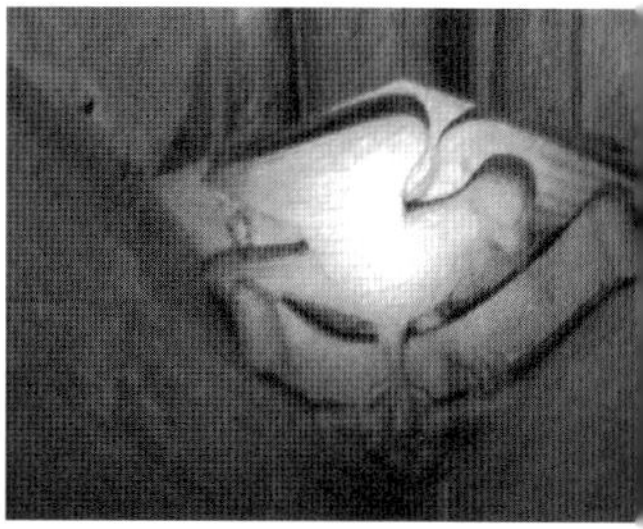

ヴァンセンヌ城塞３階ホールの福音史家ヨハネ：サン・ジャン（聖ヨハネ）は鷲の姿で表現される。

ヴァンセンヌ城塞のサント・シャペル礼拝堂：シテ島の王宮のサント・シャペル礼拝堂と同じく単廊形式で、バットレスによって身廊壁体を支える構造である。ただ、こちらのサント・シャペルは二層構成にはなっていない。

ヴァンセンヌ城塞の新しい城壁と空堀：城壁は合計９基の塔を備えている。19世紀初頭のナポレオン１世の時代に、近代的な砲兵陣地を築くために塔の上部は解体され、現在みるように城壁と同じ高さにそろえられた（1805～20）。

○五年から一四一○年頃に中断し、一六世紀半ばにフランソワ一世が再開させて、次のアンリ二世のとき、一五五二年から一五五九年にようやく完成した。

一四五三年に百年戦争が終わり、軍事施設としての側面が弱まったのちもヴァンセンヌ城塞は歴代の王に愛された。一六四三年に四歳で即位し、一七一五年に七六歳で亡くなるまで長期にわたってフランスを治めたルイ一四世（一六三八～一七一五）も、若かりしときにヴァンセンヌにたびたび逗留している。一六六○年八月二六日、スペイン王室から迎えた新婚の花嫁マリー・テレーズをともなってパリへの入城式を行う際にも、一時、ヴァンセンヌに滞在している。

ヴァンセンヌ城塞の南半分には、この若き王のために建設された城館も残っている。西側城壁と背あわせに建っている「王の館（pavillon du Roi）」と東側城壁の方の「王妃の館（pavillon de la Rei-

ヴァンセンヌ城塞ヴィラージュ塔に設けられた北の城門：17世紀後半に南の城門があるボワ塔の上部が解体されて２階建てになったのに対し、ヴィラージュ塔は当初の姿をかなりとどめている。ポインテッド・アーチとそれにともなう装飾の使用により、城内随一の華麗さを誇るゴシック様式が訪問者を迎える。

ヴァンセンヌ城塞「王の館」：1階と2階はドリス式ジャイアント・オーダーのピラスターで装飾され、その上にアティックの3階と屋根裏部屋がのっている。

ne)」である。この区画とドンジョンやサント・シャペル礼拝堂などの中世の建造物が建っている部分を隔てる門と柵も建設されている。国王付首席建築家ルイ・ル・ヴォー（一六一二〜七〇）の設計により、王の館は一六五四年六月七日に着工し、一六六一年までには王妃の館も建設された。

　王の館と王妃の館は同じデザインの城館であり、ヴァンセンヌ城塞の南北に走る中心軸を挟んで対称形に建てられた。三階建てで、一階と二階はドリス式のジャイアント・オーダーのピラスターによって装飾され、三階部分はアティックと呼ばれる低い階になっている。その上に屋根裏部屋を含む急勾配のマンサード屋根（下部が急勾配で、途中で折れ曲がって上部の勾配がゆるくなっている屋根のこと。屋根裏部屋を配するのに有利な形式）がのっている。

　ドリス式は古代の円柱の様式のなかでもっとも太いプロポーションをもった力強い様式であり、軍人の邸宅や軍事施設にふさわしい様式と考えられていた。王の館と王妃の館の性格自体はともかくとして、それらが立地するヴァンセンヌ城塞の性格が考慮されたのかもしれない。

ヴァンセンヌ城塞「王の館」のドリス式ピラスター上部：ドリス式は軍事建築にふさわしいといわれている。

ヴァンセンヌ城塞「王妃の館」の背面と東側の城壁：「王の館」と「王妃の館」は城壁の壁体を利用して建造された。

5

ゴシックとルネサンスの融合
サントゥスターシュ聖堂

百年戦争の終結とブルゴーニュ公国の興亡

イングランド王国との百年戦争において、フランス王国が国内で不利な戦いを強いられた大きな理由のひとつとして、国内がまとまりきれていなかったことがあげられる。いわゆるアルマニャック派とブルゴーニュ派の抗争である。

ジャンヌ・ダルクの逮捕にも小さからぬ役割を果たしたといわれるブルゴーニュ公は、王族につらなる名門の出でもあり、フランス王国領と神聖ローマ帝国領にまたがるブルゴーニュ公領を根拠としながら、低地地方（現在のベルギー、オランダ、ルクセンブルク、北フランスに及ぶ地方）の諸侯国を婚姻政策などを駆使して次々に支配下におさめていった。

このように一五世紀に栄華を極めたブルゴーニュ公国だったが、一四七七年にナンシー郊外でスイス軍と交戦した第四

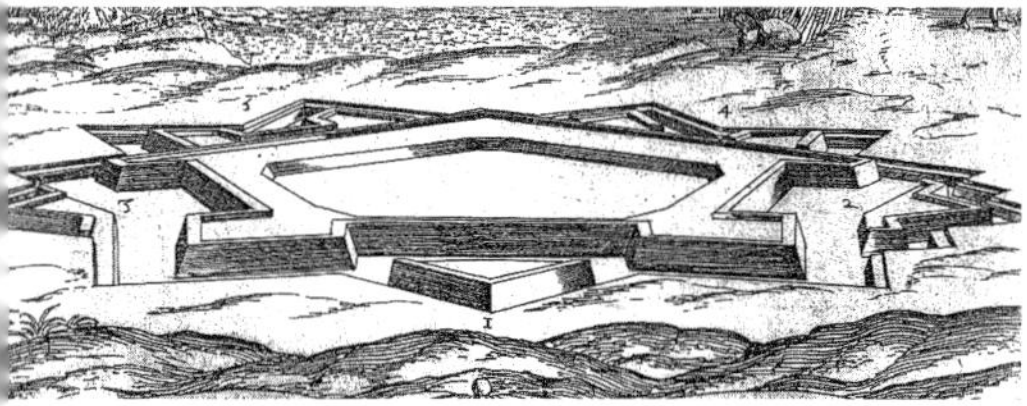

稜堡式築城術：稜堡式築城術による要塞建築は、多角形平面を基本とし、隅部を角のように前に張り出して、要塞砲の死角をなくすという工夫をしている。この角の部分を稜堡（バスティオン）、稜堡と稜堡の間の防禦壁を幕壁（カーテン・ウォール）、幕壁を守るために堀を挟んだ前面に築かれた堡塁を半月堡という。各防壁上には要塞砲を防禦する胸壁（パラペット）も整備された。

垂直式防禦と異なり、高さではなく奥行きで敵を圧倒することを旨としている。攻城側は塹壕とトンネルを掘り進んで、最終的にはバスティヨンの地下に地雷を仕掛けて防禦網の一画を爆破し、そこから大兵力を送り込んで防禦側を降伏に追い込むのである。

ベルギー・ナミュールのシタデル（拠点要塞）の稜堡：16世紀の半ばにスペイン軍によって築かれた稜堡と幕壁で、「メディアーヌ」と呼ばれる。中世の城塞の南側を守っている。当時のナミュールを含む低地地方はハプスブルク朝スペイン王が統治していた。

リュクサンブール（ルクセンブルク）のベックのバスティヨンと脇の半月堡：17世紀後半にフランス軍によって建設されたもの。半月堡の内部は多層構造になっており、要塞砲が据えつけられている。内部には厨房施設もある。

Data

代表建築
サントゥスターシュ聖堂
Église Saint Eustache

様　式
ゴシック様式とルネサンス様式の折衷、新古典主義

住　所
2, impasse Saint-Eustache, 75001 Paris

最寄り駅
地下鉄4号線
レ・アール
Les Halles
RER-A線、B線、D線
シャトレ=レ・アール
Châtelet - Les Halles

代当主シャルルが戦死して、独立した勢力としての公国はついえた。低地地方などはシャルルの娘マリーと結婚したマクシミリアン・フォン・ハプスブルクの統治するところとなった。

神聖ローマ帝国領側のブルゴーニュ公領も「フランシュ＝コンテ」としてハプスブルク家領となった。これは「自由伯領」という意味で、かつてのブルグンド自由伯領に由来する名である。そもそもブルグンドという古い民族名が、フランス語のブルゴーニュの語源である。フランス王国領内のブルゴーニュ公領は王領に編入され、後世、ブルゴーニュ公のタイトルは王族のタイトルとして存続した。

シャルル八世のイタリア遠征と稜堡式築城術

一方、フランス王国の方はシャルル七世のときに百年戦争が終結して落ち着きをとりもどし、ルイ一一世の治世を経て再び力を蓄えつつあった。そして、一四九四年、時の国王シャルル八世（一四七〇～九八）はそのエネルギーを南方に向けた。これがシャルル八世、ルイ一二世、フランソワ一世の三代にわたって続くイタリア遠征の始まりだった。

シャルル八世は一万八〇〇〇の兵を率いてミラノやナポリを攻め落とし、イタリア半島の諸侯たちを恐怖で震え上がらせた。その際、フランス軍は四十門余の攻城砲を効果的に運用して、イタリア半島各都市の中世的な垂直防禦方式による市壁を無力化したという。

これがイタリア半島において新たな要塞建築術を生み出す直接のきっかけとなった。稜堡《りょうほ》式築城術の登場である。

フランス・ルネサンス建築の誕生

このように当時のイタリア半島の人々はフランス軍の侵略により新しい要塞建築術を生み出したが、攻めていったフラ

フィラレーテのオスペダーレ・マッジョーレ（ミラノ）外観：1階部分が、コリント式の柱頭を備えた円柱（比例はコリント式とは異なりかなり太い）の上に半円形アーチが連なるアーケードになっていて、初期ルネサンス建築の代表作のひとつとなるはずだった。しかし、ミラノでもゴシック様式に慣れ親しんだ石工たちの抵抗があり、結局、アーケード部分はレンガの壁体で埋められ、そこにポインテッド・アーチをいただく窓が開けられるという折衷的デザインとなった。

サンタ・マリア・ソープラ・サン・サティロ聖堂内部（ミラノ）：敷地の都合でラテン十字平面にできなかったので、祭壇奥をだまし絵のようなレリーフ状の仕上げにして、入口からみたらラテン十字平面になっているようにみせかけている。

ブロワ城館フランソワ１世棟内部：ただし、その内装は19世紀に復元されたものである。

ブロワ城館ルイ12世棟外観：入口の部分のディテールはポインテッド・アーチを備えたきわめてゴシック的なデザインである。入口直上にルイ12世騎馬像が据えられているが、これは19世紀に復元されたもの。

ブロワ城館ルイ12世棟中庭側ファサード：１階の柱廊がイタリア・ルネサンス建築から影響を受けた部分。

ブロワ城館フランソワ１世棟ファサード：ピラスターとエンタブレチュア風の水平帯によるデザインがイタリア・ルネサンス建築のファサード構成を思わせるが、中央の巨大な螺旋階段がゴシックの名残を感じさせる。

ンス側でも新しい建築への情熱が芽生えた。イタリアの新しいルネサンス建築（コラム５参照）への関心が急速に高まったのである。とりわけ、フィラレーテやドナト・ブラマンテらによるミラノの初期ルネサンス建築は、フランス人たちの建築の見方に清新な息吹をもたらした。

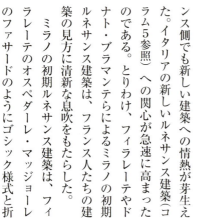

　ミラノの初期ルネサンス建築は、フィラレーテのオスペダーレ・マッジョーレのファサードのようにゴシック様式と折衷されたものも多かったが、ゴシックの本場フランスからやってきた彼らにしてみれば、むしろ、ルネサンス建築入門としてあつらえ向きの建築群だったかもしれない。

　かくして、新しい建築の息吹にふれたイタリア遠征組の王侯貴族たちによって、ルネサンス建築の要素が徐々にフランスのゴシック様式をベースとする建築のなかに導入されていったのである。とりわけ、彼らの郊外における住処《すみか》である「シャトー」の建築が新たなルネサンス様式導入の実験の場となった。「シャトー」とは中世においては軍事的機能を第一に建設された「城塞」のことだったが、一六世紀以降は、すでに述べたように中世

サントゥスターシュ聖堂の南側外観：フライング・バットレスをまとった全体のシルエットはまるでゴシック聖堂のようである。

の垂直防禦方式による城塞建築群は軍事的意義を失いつつあり、君主の居館《きょかん》としての性格を強めていった。日本語ではこのような居館としてのシャトーを「城館」と訳している。

シャルル八世のあとを継いだルイ一二世（一四六二〜一五一五）の側近アンボワーズ枢機卿のガイヨンのシャトーは初期の作例のひとつである。またルイ一二世自身も、アンボワーズやブロワのシャトーに、このようなルネサンスの新たな息吹を吹き込んだ。ルイ一二世のあとを継いだフランソワ一世（一四九四〜一五四七）も熱心な建設者であり、ブロワ城館の増築に取り組んだほか、シャンボールやフォンテーヌブローのシャトーを営んだ。

この初期フランス・ルネサンスの時代には、ゴシックの伝統に慣れ親しんだ石工たちが活躍し、見よう見まねで新たなルネサンス建築のヴォキャブラリーをつくりあげていったため、古代建築のヴォキャブラリーが正しく再現されたわけではない。この点については、明治の初めの頃に、見よう見まねで西洋建築のヴォキャブラリーを再現しようと努力したわが国の大工たちの努力と重なる部分があるように思う。時代の過渡期にあらわれた折衷的な建築作品を鑑賞する際には、このような独特の造形に注目するとおもしろいのではないだろうか。

レ・アールのサントゥスターシュ聖堂

世俗の建築で徐々にルネサンス建築のヴォキャブラリーが広がりをみせていた一六世紀のフランスにおいて、一方では、なおもゴシックの強固な伝統が教会堂建築の世界を支配していた。このようなな

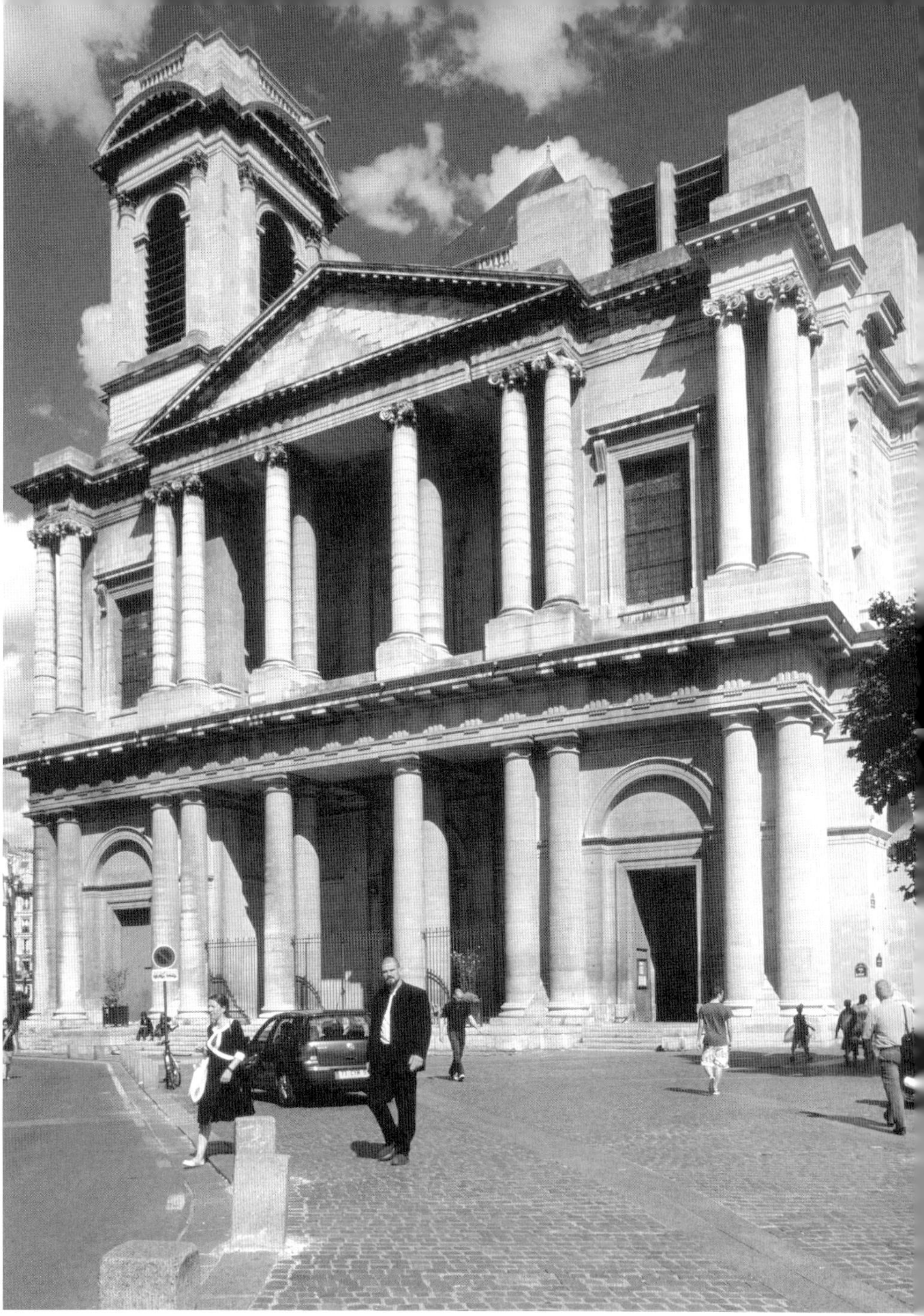

サントゥスターシュ聖堂の西側正面ファサード：1665年、コルベールが入口両脇の塔の下に2つの礼拝堂をつくらせたため、構造上の問題が生じてファサードなどは取り壊さざるをえなくなる。現在のファサードはジャン・アルドゥアン＝マンサール＝ドゥ＝ジュイの設計で、1754年5月22日にシャルトル公フィリップ(のちの平等公フィリップ)によって起工式が行われた。

サントゥスターシュ聖堂の側廊のリブ・ヴォールトとピア(束ね柱)の上部：ピアの最上部にはコリント式円柱がみられる。ゴシック的なピアの外形にオーダーの装飾要素を巧みに融合している。

か、ルネサンスの要素が導入された数少ない作例がパリのサントゥスターシュ聖堂である。

サントゥスターシュ聖堂は現在のレ・アール公園の北辺に面して建っており、レ・アール公園からは南側の側面に臨むことになる。一二一三年に建立された小礼拝堂から始まった小教区教会堂で、現在の建物は一五三二年八月一九日に起工し、一六三七年四月二六日、パリ大司教ジャン・フランソワ・ドゥ・ゴンディによって献堂式が行われた。

一見したところ、きらめくステインド・グラス、建物周囲に林立したフライング・バットレス、放射状祭室が描く独特の輪郭線からゴシック聖堂だと思わせる全体像である。実際、平面計画はパリのノートル・ダム大聖堂のそれを意識したものだという。

しかし、よく観察してみると、この聖堂ではゴシック聖堂とは異質の要素がゴシックの全体像と巧みに融合しているのをみてとることができる。まず、ポインテッド・アーチではなく半円形アーチが用いられているのが目を引く。これはファサードにおいても内部においても同様である。ポインテッド・アーチこそ、聖俗のあらゆるゴシック建築の最大のデザイン的特徴であることを考えると、これは教会堂建築の世界においては大変な飛躍であると評価できる。

そして、さらによくみてみると、側廊の外壁は二層構成になっていて、一層目はコリント式の柱頭をもつピラスター、二層目はドリス式の柱頭をもつピラスターで装飾されている。

むろん、柱全体のプロポーションはドリス式やコリント式の適切な比例ではなく、かなり太いものとなっている。また、コリント式の柱頭はよく見るとひとつひとつ微妙に異なっている。このようなことは古代建築やルネサンス建築ではあまりない。

それから、古代建築やルネサンス建築でみられるスーパーコラムニエーションと呼ばれる技法が試みられているのだが、下からドリス式→イオニア式→コリント式、つまり太いものから積み重ねるという決まりが無視されている。コリント式の上にドリス式がのることはありえないのである。

だが、内部ではもっとスマートな古代の円柱の様式とゴシック様式との融合がみられる。

ゴシック様式の聖堂では、ピアと呼ばれる、細い円柱を一本に束ねたような柱が用いられるのだが、この聖堂ではピアを形成する細い円柱の部分に古代風の円柱を重ねたものを使っているのである。とりわけ、最上層の円柱のディテールは質が高いものである。

　それにしても、ポインテッド・アーチではなく半円形アーチによるリブ・ヴォールトはなんだか妙な感じがすると同時に、全体を支配するゴシック・テイストによくマッチしているように思われる。

　なお、堂内には一六六〇年代から亡くなる一六八三年にかけて、太陽王ルイ一四世を支えた重臣ジャン・バティスト・コルベール（一六一九～八三）の墓がある。棺の上にコワズヴォー作のコルベール自身の像がのっていて、棺の左右に「豊穣」（向かって右側）と「忠誠」（向かって左側）の擬人像が置かれている。

サントゥスターシュ聖堂側廊外壁のドリス式柱頭：ガーゴイルの造形をうまくドリス式の装飾にあわせている。

サントゥスターシュ聖堂側廊外壁のコリント式柱頭：この柱頭の仕上げはきわめて質が高い。柱頭直上のガーゴイルがゴシック的である。

サントゥスターシュ聖堂側廊外壁のコリント式柱頭：この柱頭の細工も質が高いが、先ほどのものとは微妙にデザインが異なっている。

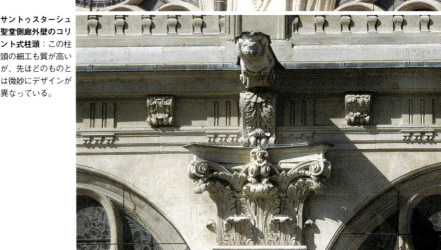

サントゥスターシュ聖堂のリブ・ヴォールト：ポインテッド・アーチではなく半円形アーチを用いていることを除けば、典型的な後期ゴシックの装飾的なリブ・ヴォールトである。

ジャン・バティスト・コルベールの墓廟：17世紀後半の著名な彫刻家コワズヴォーの作品である。「忠誠」と「豊穣」の擬人像が左右に置かれている。

ジャン・バティスト・コルベール：1619年8月29日にランスで生まれた。1664年に国王付建設局長官、1665年に財務総監、1669年には宮内卿ならびに海軍卿に就任。ルイ14世の右腕中の右腕ともいえる有力な大臣で、コルベールティズムと呼ばれる重商主義政策を推し進め、国内の芸術・学術・産業の振興にも力を尽くした。1683年9月6日に薨去。

column 5

ルネサンス建築の誕生

フィレンツェに始まる

「ルネサンス」を直訳すると「再生」という意味である。何が再生するのかというと古代ギリシア・ローマの芸術である。芸術のさまざまな分野において「ルネサンス」という様式名が使われているが、そうはいっても、絵画や音楽の分野では古代のそれらがどのようなものであったかは、当時はあまり知られていなかったので（音楽については今もそうである）、これらの分野の新しい動きを「ルネサンス」という言葉で表現してよいものかどうか曖昧な点があるのもたしかである。

古代復興という意味では、当時の人々も古代の作例を間近に実見することができた建築と彫刻のルネサンスこそ、古代の「ルネサンス」の名にかなっているといえるかもしれない。

とりわけ、建築の分野においては古代ギリシア・ローマの建築からインスピレーションを得て、また、直接古代建築のヴォキャブラリーを用いることで、ゴシック建築とは異なる新しい建築を生み出そうという動きが、さまざまな才能を通じて世にあらわれていった。

建築におけるルネサンスは、一五世紀初めのフィレンツェで始まった。その舞台となったのはフィレンツェ司教座聖堂の工事現場であった。一二九六年以来、アルノルフォ・ディ・カンビオによって構想された新しいフィレンツェ司教座聖堂の工事は一五世紀になるとおおかた完成し、あとはクーポラ（ドーム）の建造を待つばかりとなっていた。

サンタ・マリア・デル・フィオーレ司教座聖堂のクーポラ遠景（フィレンツェ）：42メートル径のこの大クーポラのデザインは聖堂建設の当初から決まっていたが、架構法については後世の知恵に期待するところ大だった。それに応えたのがブルネッレスキである。ローマのパンテオンからインスピレーションを得たという。

サンタ・クローチェ聖堂付属パッツィ家礼拝堂外観（フィレンツェ）：正面に並ぶ6本のコリント式円柱とエンタブレチュアの造形は古代建築と比べても遜色ないものである。

ところが、フランチェスコ・タレンティの構想した四二メートル径の八角形クーポラを建造するためには、それに見合った大木が必要であり、中世までの木製仮枠の上に石を置いていくやり方では不可能だったのである。困った当局は一六一八年にアイデア競技を行い、唯一、実現可能と思われる案として金銀細工師フィリッポ・ブルネッレスキ（一三七七〜一四六六）の案が選ばれたのである。これによって建築家としての名声を得たブルネッレスキはオスペダーレ・デリ・インノチェンティ（捨子養育院）やパッツィ家礼拝堂などの傑作を世に送りだし、初期ルネサンスを代表する建築家となった。この時代に活躍した建築家としては、偉大な建築理論家でもあるレオン・バッティスタ・アルベルティ（一四〇四〜七二）、理想都市論にも重要な足跡を残したフィラレーテ（一四〇〇頃〜六九頃）らがいる。

ブラマンテの到達点

ルネサンス建築の特徴としては次のようなものがあげられる。すなわち、古代建築からインスピレーションを得た空間、古代建築のヴォキャブラリーの復活、整数比例による平面・立面設計、一点透視図法的な空間形成である。これらの特徴はすでに初期ルネサンス建築にもあらわれていたが、古代建築のヴォキャブラリー理解という点では試行錯誤を繰り返していたともいえる。

このような方向性を突きつめていったのがドナト・ブラマンテ（一四四四？〜一五一四）である。とりわけローマのサン・ピエトロ・イン・モントリオ教会堂の中庭にあるテンピエットは、小品ながら見事な比例感覚とディテールに感嘆の念を禁じえない。彼はまた、老朽化していたサン・ピエトロ使徒座聖堂にかわる計画案を作成したことでも知られる。彼が活躍した一四八〇年代から一五二〇年代くらいまでを盛期ルネサンス時代と呼び、静的かつ整然たるデザインをめざす方向性が極められていった。

パラッツォ・ルチェッライのファサード（フィレンツェ）：3階建ての各層ごとにピラスターとエンタブレチュアが施されている。

テンピエット（ローマ）：古代ローマの円形神殿からインスピレーションを得たものだが、中央にクーポラを高くかかげた点はブラマンテの独創性に帰せられるだろう。

column 6

古典主義建築のオーダー

5つのオーダーの図：17世紀後半に活躍した建築家・建築理論家ニコラ・フランソワ・ブロンデルの教科書に掲載されたもの。左から順に、トスカナ式、ドリス式、イオニア式、コリント式、コンポジット式。

オーダーの体系の成立

ルネサンス建築を特徴づける創作姿勢に、古代を理想の「古典」としてあがめ、その高みをめざしていくというものがある。この傾向を「古典主義」といい、ルネサンス以降も、「古典古代」の価値が相対化されていく近代まで続いていった。建築における古典主義をデザインの面で特徴づけるのが、古代ギリシア・ローマ神殿の円柱の様式を起源とする「オーダー」という比例システムである。

古代の西ローマ帝国が滅亡してから一〇〇〇年を経たルネサンス時代、フィリッポ・ブルネッレスキやレオン・バッティスタ・アルベルティらの努力により、ドリス式、イオニア式、コリント式といった古代ギリシア・ローマ神殿の円柱の様式が大々的な復活を遂げていた。そして、セバスティアーノ・セルリオら一六世紀のルネサンス人たちはこれらの円柱の様式を非常にシステマティックな比例体系として整えていったのである。

加わった二つのオーダー

その体系化を余すところなく伝えてくれるのが、ジャコモ・バロッツィ・ダ・ヴィニョーラの『建築の五つのオーダーの規則』であり、事実上、これらの円柱の比例体系のシステムに「オーダー」という言葉を与えたのも彼といってよい。フィリベール・ドゥ・ロルムら一六世紀のフランス人建築家たちもこぞってこの体系を自分たちのものにしていった。

ルネサンス人たちにとって、これらのオーダーは五種類あった。古代の三種に新たに二種、すなわち、トスカナ式とコンポジット式が加わったのである。彼らはこの二種を加えたのは古代ローマ人だと主張していたが、実際には古代の実例や建築書（ウィトルウィウスの『建築十書』が唯一残ったもの）からインスピレーションを受けて彼ら自身が認識したオーダーである。

トスカナ式はドリス式よりも太く、田園に似つかわしいオーダーとされ、コンポジット式はコリント式と同じ比例ながら、もっと繊細で華麗な装飾をまとっていた。したがって、五種のオーダーの順番は太い方から細い方へ、トスカナ式、ドリス式、イオニア式、コリント式、コンポジット式となる。

そして、ルネサンス時代に誕生したこれら五つのオーダーは、以降、建築デザインの中核を担うものとして尊重され、一九世紀、あるいは二〇世紀の初めまで、オーダーを用いた古典主義建築が建てられつづけていくことになる。

トスカナ式の柱頭：西村好時の旧横浜銀行本店別館（1929年竣工、2003年復元）の円柱。比例と柱礎形状から確実にトスカナ式と判断できる数少ない例である。

コンポジット式の柱頭：ローマのサンタ・マリア・イン・モンテサント聖堂の正面。

フランソワ一世とルーヴル宮殿レスコ棟

見よう見まねで始まった フランスのルネサンス建築

フランソワ一世はヴァロワ本家の出ではない。もともとヴァロワ王朝の本流はシャルル八世で途絶えており、もっとも近い分家の当主ルイ一二世が跡を継いでいたが、彼も嫡子を残さなかったので、次に近い分家の当主アングレーム伯家のフランソワが、一五一五年、フランス国王フランソワ一世として即位したのである。

フランソワ一世も先々代、先代と同様、その矛先をイタリア半島に向け、一五一五年のミラノ近郊マリニャーノの戦いで勝利を収めた。

だが、その彼の前にハプスブルク家のシャルル（一五〇〇〜五八）、すなわち、神聖ローマ帝国皇帝カール五世（一五一九年即位）にしてスペイン国王カルロス一世（一五一六年即位）が立ちふさがる。一五二五年のパヴィアの戦いでは敗れてシャルルの捕虜となり、一五二六年までマドリードですごした。帰国後もイタリア半島政策はあきらめず、さらには当時、ハプスブルク朝スペイン王国の領土だった低地地方へも関心を向けることになる。

建築の分野では、ルイ一二世に引き続き、ロワール川流域地方を中心にシャンボール城館をはじめとする、新しいルネサンス様式の息吹を感じさせる城館建築を建造させている。これらの城館にみられるとおり、フランスのルネサンスは、最初は、ゴシックの伝統の強い影響下にある石工たちが見よう見まねでルネサンス建築のヴォキャブラリーの導入に努力していた。

しかし、やがて本場イタリア半島からセルリオやイル・ロッソ・フィオレンティーノ（一四九五〜一五四〇）、フランチェスコ・プリマティッチョ（一五〇四〜七〇）などの芸術家・建築家が呼ばれ、本場のルネサンス様式がフランスに根づいていった。とりわけイル・ロッソとプリマティッチョは、フランソワ一世のもと、フォンテーヌブロー宮殿で活躍したのでフォンテーヌブロー

シャンボール城館：1519年に着工したが、フランソワ1世治世下には完成しなかった。彼の没後100年以上たったルイ14世の時代に一応の完成をみている。

イル・ロッソのフォンテーヌブロー宮殿フランソワ1世のギャラリー：官能的な絵画や彫刻と渾然一体となったマニエリスム様式（コラム７参照）のギャラリー建築。ところどころにフランソワ１世の頭文字「F」とその紋章「火とかげ（サラマンダー）」がみられる。

プリマティッチョのフォンテーヌブロー宮殿プリマティッチョ棟：１階が基壇仕上げで２階はトスカナ式ピラスターで装飾されている。外部階段を効果的に用いた立体的な建築である。

ルーヴル宮殿レスコ棟ファサード：２階の窓の上には三角形のペディメント（破風）と櫛形のペディメントが交互にあらわれている。これはミケランジェロがパラッツォ・ファルネーゼなどで愛用していた手法である。レスコやドゥ・ロルムの時代、イタリア半島ではマニエリスム様式が主流となっており、彼らのディテールにはその影響も色濃くみられる。

ビュランのエクーアン城館南棟中庭側ファサード：ミケランジェロ以来、イタリアでは追随する者がほとんどなかったジャイアント・オーダーの技法を他に先駆けて大胆に使用している。フリーズの装飾などに古代ローマ建築の実地調査の経験が生きている。

ドゥ・ロルムのフランソワ１世王廟（パリ近郊サン・ドゥニ修道院付属聖堂）：いわゆる凱旋門モチーフを用いながら、中央部分を大胆に前に突き出した立体的な造形である。この中央部のアーチの下にフランソワ１世とその王妃の棺がある。

派と呼ばれる。

　そして、一六世紀も半ばを迎えると、フランス人建築家たちが育ってくる。フランス人建築家第一世代としては、ピエール・レスコ（一五一五頃～七八）、フィリベール・ドゥ・ロルム（一五一〇／一五～七〇）がおり、もう少し若い建築家としてはジャン・ビュラン（一五二〇／二五～七八）がいる。ドゥ・ロルムとビュランはローマに遊学し、古代ローマ建築や本場のルネサンス建築にじかにふれた建築家である。

ルーヴル宮殿レスコ棟の繊細かつ華麗な装い

　一方、レスコはイタリア半島に行ったことはない建築家だった。だが、王宮がシテ島からルーヴル城塞に移されることが決定されたとき、この事業を手がける建築家として白羽の矢が立ったのはレスコだった。この決定が下され、パリ市に伝達されたの

ルーヴル宮殿レスコ棟の舞踏の間の内装：レスコ棟の1階のほとんどすべてを占めるギャラリー状の空間。端部に4本のカリアティードがあり、それらが支えるバルコニーに楽士席が設けられた。

は一五二八年のことである。

決定にしたがい、まっさきにドンジョンが撤去され、クール・カレ（方形中庭）が整備された。そして、さらに西棟も取り壊し、そのうえで新しいルネサンス様式による新宮殿の建設が計画された。レスコが任されたのはこの部分であり、現在、レスコ棟（一五四六～）と呼ばれている。

レスコ棟のファサードは、ルネサンス建築の典型的な三層構成となっており、そこにフランス特有の勾配のきついスレート（石を薄くスライスしたもの）葺き屋根がのっかっている。

下から、コリント式オーダー、コンポジット式オーダー、アティック（屋階）と重ねられており、アティックには彫刻家ジャン・グージョンによる繊細なレリーフが施されている。古代ギリシアでもっとも繊細な円柱の様式と考えられていたコリント式と、それよりも華麗なコンポジット式オーダー、そして、グージョンのレリーフが絶妙なハーモニーを奏で、ルーヴルの新宮殿に繊細かつ華麗な装いを与えている。

この点では内装も負けていない。とりわけ、一階の全フロアを占める舞踏の間はフランス・ルネサンス建築でも随一の傑作であり、ここでもグージョンの手になるカリアティード（カリュアティデス、女身柱）が四本みられる。楽士席のバルコニーはこの四本のカリアティードの上にみられる。

ルーヴル宮殿レスコ棟のグージョンによるレリーフ：フランス王国の軍事的な力を表現するように2人の戦士と2人の捕虜の姿が描かれている。

ルーヴル宮殿レスコ棟のコンポジット式オーダー：このコンポジット式オーダーのヴォリュート（渦巻）は少し小振りであり、1階のコリント式オーダーの柱頭ともども、派手さよりも繊細さが勝る造形である。

ルーヴル宮殿レスコ棟のコリント式オーダー：きわめて正確かつ繊細なディテールの仕上げがすばらしい。柱頭の間には、フランソワ1世の事業を引き継いでレスコ棟を完成させた次代の王アンリ2世のマークがみられる。

ドゥ・ロルムなどと違い、レスコはイタリア半島に行ったことがなかったというが、ファサードのコリント式オーダーとコンポジット式オーダー、それに舞踏の間のコリント式円柱をみると、彼のオーダー理解は完璧であり、グージョンの鑿による繊細さも加わって、フランス独自のルネサンス建築が、すでに第一世代の建築家の時代に登場したことを印象づけるに十分である。ルーヴル宮殿は八〇年ほど後に大々的に拡張されるが、レスコ棟は取り壊されるどころか、拡張された部分にも同じデザインが適用されたのである。

ルーヴル宮殿レスコ棟の舞踏の間のカリアティード：これらも彫刻家ジャン・グージョンの作品である。エンタブレチュアの部分も含めて大変細やかな腕の冴えが光る。

column 7

マニエリスム建築のさまざまな手法

マニエリスム様式

初期ルネサンスから盛期ルネサンスにかけて、古代建築の空間やディテールからインスピレーションを受けつつ、整然たる秩序だった空間が志向されていたが、一五二〇年代くらいからは、もっと動的なデザインが試みられはじめる。このような後期ルネサンス時代の傾向をマニエリスムと呼ぶことがある。

マニエリスム（仏語）、マニエリスモ（伊語）とは、「手法」を意味するマニエール（仏語）、マニエラ（伊語）に由来する言葉である。その名のとおり、古代建築のディテールを用いながらも、その規範から逸脱するさまざまな手法が登場した時代だった。ミケランジェロ・ブオナローティ（一四七五〜一五六四）が発案したといわれているジャイアント・オーダー（大オーダー）という技法もそのひとつである。

ジャイアント・オーダー

もともと、オーダーとは、古代ギリシア・ローマの神殿建築に用いられた円柱の様式に由来する、円柱と梁の一大比例体系である。もともとは神殿建築の軸組構造を構成する構造材であり、円柱の部分は梁にあたるエンタブレチュアを支えるという構造的役目を果たしていた。それが古代ローマ人たちによって、別の構造様式である壁構造やアーチ構造に装飾として適用されるようになり、構造材としての意味を失ってしまった。

しかし、構造的な意味がなくなってからも、これらの円柱の様式が軸組構造に由来するということが忘れられることはなく、ルネサンス時代にオーダーとして復活を遂げたあとも、建物の各階ごとにそれぞれオーダーが施されるのが規則となっていた。
これをスーパーコラムニエーションという。構造的な意味がないとしても、各層の柱（の造形）が各階のエンタブレチュアを支えているようにみえるということに意味があったのである。

この決まりごとの世界に最初の革命をもたらしたのが、ミケランジェロである。彼はローマのカンピドリオの丘（かつてのローマの宗教的中心カピトリヌスの丘）に広場を造形した際、その広場を取り囲む建造物群のひとつとしてパラッツォ・デイ・コンセルヴァトーリを設計した。彼はそのファサードで一階と二階をぶち抜く巨大なオーダーを構想した。これをジャイアント・オーダー、または大オーダーという。

もっとも、オーダーが各階のエンタブレチュアを支えているという、古代神殿の軸組構造に由来するフィクションを覆したわけではなかった。一階のエンタブレチュアを支えるかのように、通常のスケールのイオニア式円柱を配したのである。このため、大小のスケールのオーダーの対比の妙がこのファサードに動きをもたらしている。

だが、ミケランジェロのこの革新的手法を試みる者は一六世紀には少なかった。一六世紀後半にヴェネツィア共和国で活躍したアンドレア・パラーディオ（一五〇八～八〇）や同じ頃のフランスの建築家ジャン・ビュラン（一五二〇／二五～七八）が数少ない例である。この手法がさかんに用いられるのは一六世紀末からのバロック時代に入ってからである。

パラッツォ・ヌオーヴォ（ローマ）のファサード：ミケランジェロ設計のパラッツォ・デイ・コンセルヴァトーリの向かい側の建物。ファサード・デザインはまったく同じもの。

ペルッツィのパラッツォ・マッシモ（ローマ）のファサード：1階入口にドリス式オーダーによる双子柱がみられる。

パラーディオのパラッツォ・ヴァルマラーナ（ヴィチェンツァ）：ここではコンポジット式ジャイアント・オーダーのピラスターだけでなく、その両脇に小さなスケールのコリント式オーダーのピラスターも用いられている。

双子柱

一方、双子柱（吹き寄せの柱、ペア・コラム、カップルド・コラムともいう）という手法もマニエリスムから生まれバロック建築で一般化した。これは二本の柱を狭い間隔で並べて一組とし、この一組を一定の、あるいはさまざまな間隔で並べたものである。

　ローマの建築家バルダッサーレ・ペルッツィが設計したパラッツォ・マッシモ（ローマ）がその最初期の例である。入口部分で、ドリス式の円柱をペアにして列柱を形成する双子柱の技法が用いられている。この手法は、円柱は一定間隔に並ぶべきであるという初期、盛期ルネサンスの常識を覆すもので、長短長短という柱のリズムが律動的な動きを醸しだしている。

　この手法は、ヴィニョーラが設計し、デッラ・ポルタが仕上げたローマのイル・ジェズ聖堂でも用いられている。双子柱はこのようにピラスターという形でもさかんに用いられた。この例にみられるように、マニエリスム様式では各双子柱の間隔は一定であるが、バロック様式で用いられる場合は、必ずしも一定の間隔で配されるわけではない。また、同じファサードでピラスター、ハーフ・コラム、デタッチド・コラムといったさまざまな手法を駆使し、立体感を微妙に操作してダイナミックな動きが与えられる場合も多い。

ヴィニョーラのイル・ジェズ聖堂（ローマ）のファサード：１層目にコリント式、２層目にコンポジット式の双子柱が採用されている。このファサードはバロック時代に全ヨーロッパに普及して、イル・ジェズ形ファサードと呼ばれるようになる。

アーキトレーヴに陥入する窓

　マニエリスム様式では、窓をアーキトレーヴに陥入させるという操作もよく行われた。そもそもアーキトレーヴはエンタブレチュアの一部であり、エンタブレチュアがかつての古代ギリシア・ローマ神殿の軸組構造を構成する梁材を由来としたものだったことを考えると、そこに窓が陥入してよいはずがない。だが、由来はあくまで由来であり、実際の構造上は、オーダーの各部が柱や梁の形をしていようとも壁体の一部にすぎないのであって、このような操作は可能なのである。

　マニエリスムの建築家たちのこの割り切り方には、軸組構造に由来するオーダーのシステムと壁体構造という実際の構造様式との乖離、いいかえれば、アルベルティが『建築論』第一書で喝破《かっぱ》したような、古代ローマ建築以来の西洋建築におけるデザインと構造の分離のすきをつくかのような皮肉っぽい視線を筆者は感じるのである。


パラーディオのロッジア・デル・カピタニャート（ヴィチェンツァ）：ミケランジェロに傾倒していたパラーディオは、追随する者の少なかったジャイアント・オーダーの技法を自作で積極的に用いた。このロッジアではアーキトレーヴにめり込む窓もみられる。

6

ポン・ヌフ

王たちのルネサンス

ヴォージュ広場の一画：国王広場は一辺約130メートルの正方形の広場で、広場を囲うように赤レンガとクリーム色の切石でできたツートンカラーの建造物が建設された。これはアンリ４世時代から次のルイ13世時代にかけての典型的なフランス建築の特徴である。

Data

代表建築
ヴォージュ広場
Place des Vosges
（旧国王広場 Place Royale）

様式
ルネサンス様式

住所
Place des Vosges, 75004 Paris

最寄り駅
地下鉄1号線
サン・ポール
Saint Paul
地下鉄8号線
シュマン・ヴェール
Chemin Vert

フランス建築の暗黒時代

一六世紀の半ばを迎え、レスコ、ドゥ・ロルム、ビュランらによって、フランス・ルネサンス建築はイタリア・ルネサンス建築とは異なる独自の境地に達したといってよい。だが、一六世紀の後半はフランス建築の暗黒時代となってしまった。カトリックとプロテスタントの宗教戦争が勃発したのである。

この時代は、カトリック陣営とプロテスタント陣営が血で血を洗う抗争を繰り返した、宗教戦争のまっただなかにあった。一五七二年、両者の手打ちを画して、二代前のフランス王アンリ二世（一五一九～五九）の娘であるマルグリット（一五五三～一六一五）とプロテスタント勢力の指導者であったブルボン公アンリ（一五五三～一六一〇）の婚礼がパリで挙行されたが、首都に集結したプロテスタ

王太子広場のポン・ヌフ側入口：国王広場に次いで、1607年、シテ島西端に王太子広場（プラス・ドーフィーヌ）が建設された。国王広場と同様、赤レンガとクリーム色の切石によるツートンカラーの建造物群に囲まれていたが、現在では、西端の入口部分など、一部にしか残っていない。

ント勢力の一網打尽を期したカトリック勢力によるサン・バルテルミーの虐殺事件が起きてしまう。

また、カトリック陣営においても内紛があり、ギーズ公暗殺とその報復によるフランス王アンリ三世の暗殺があって、ついにヴァロワ王朝は断絶してしまった。

アンリ四世の登極《とうきょく》とパリ改造計画

このようなとき、フランスの王国基本法によると、もっとも血縁の近い男系分家の当主が王位を継承することになっており、なんとプロテスタント勢力を率いる立場である、ナヴァール王にしてブルボン公のアンリがアンリ四世としてフランス王に即位した。一五八九年のことである。

彼が即位してからもプロテスタントがフランス王になることに対して激烈な反対があり、一五九三年、カトリックに改宗した。一五九八年にはナントの勅令を発して宗教の自由を全臣民に対して認め、長きにわたった宗教戦争を収めることに成功した。

安定の時代を迎えるなか、建築の世界も暗黒時代から脱却しつつあった。アンリ四世は狭い道路網がうごめくかのように広がる旧態依然たるパリを、光明あふれる新しい都市に改造することに力を尽くした。すなわち、「広場」という都市的な場を新たに創設したのである。

一六〇五年、その皮切りとして、パリの東を護るバスティーユ城塞の北西の地域に「国王広場（プラス・ロワイヤル。一八〇〇年以降はヴォージュ広場）」を開発した。これがパリ市内で最古の広場といわれるものである。それまでは、このような都市的オープン・スペースはパリにはほとんど存在せず、それ以前のパリは狭い通路のような道路が不規則に広がる

ポン・ヌフ全景：ポン・ヌフはシテ島を挟んで二部分に分かたれる。アーチの配分は北側に7連アーチ、南側に５連アーチである。

暗い街だったという。

　この広場の建設目的は次の三つである。第一に、広大なオープン・スペースを建設することにより、衛生的な都市空間を市民に提供することである。第二に、パリの全市民を対象とした商業的な中心地を建設することである。そして、第三に、国王主催の都市祝典の舞台となることを期待されていた。

　国王広場は一辺約一三〇メートルの正方形の広場で、広場を囲うように赤レンガとクリーム色の切石でできたツートンカラーの建造物が建設された。これはアンリ四世時代から次のルイ一三世時代にかけての、典型的なフランス建築の特徴である。とりわけ、切石を建物の隅部などに鎖状に積み重ねる技法はよく使われた。

　国王広場を囲う建築の特徴としては、一階部分にはアーケードが前面に設けられていることがあげられる。これは雨が降っても濡れずに散策ができるようにという工夫である。

　国王広場に次いで、一六〇七年、シテ島西端に王太子広場（プラス・ドーフィーヌ）が建設された。もともとシテ島の西側には王宮があり、その王宮からちょ

ポン・ヌフ北側：ポン・ヌフの各部分では中央のアーチがもっとも大きくなっている。それにともなって、橋上の道路は中央部分がもっとも高くなっていて、それぞれの側に傾斜がつけられている。

ポン・ヌフ中央のアンリ4世騎馬像：イタリア人彫刻家ピエトロ・タッカによる作品。ポン・ヌフ本体完成時にもアンリ4世存命中にも完成せず、1614年にようやく設置された。その設置位置は、隣接する王太子広場からの眺望という観点からさまざまに検討されたが、結局、ポン・ヌフとの位置関係が優先されたようである。

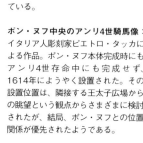

っと西に離れたところに小さな中洲があったのだが、のちに述べるポン・ヌフ建設のためにその小さな中洲とシテ島の間を埋め立てることになり、その土地をフルに活用して王太子広場が設営された。

したがって、広場の形状は細長い三角形となった。国王広場と同様、赤レンガとクリーム色の切石によるツートンカラーの建造物群に囲まれていたが、現在では、西端の入口部分など、一部にしか残っていない。

「新しい橋」ポン・ヌフ

アンリ四世のパリ改造事業のなかでも、もっとも有名なのはポン・ヌフの建設である。現在ではパリ市内のセーヌ川にかかる最古の橋となっている「ポン・ヌフ」の意味するところは「新橋」であり、石造であること、橋の両側に建造物を設けなかったことの二点で新しいコンセプトの橋だった。王宮の庭園があったシテ島西端とセーヌ川両岸をつなぐこの橋の目的は、この位置でセーヌ川両岸を結ぶことにくわえて、シテ島への入口を西側に確保することだった。

もっとも、この橋が計画されたのは一五七八年、前代のアンリ三世の時代までさかのぼる。このときはシテ島西端の北側に八連アーチ、南側に四連アーチを連ねたデザインだった。その後、家賃収入などを勘案して橋の両側に建築物を建てるという古いやり方に戻り、アーチの配分も北側に七連アーチ、南側に五連アーチに変更となったが、一五八八年に工事は中断されている。

宗教戦争の混乱を収拾したアンリ四世が工事を再開させたのは、一五九八年のことだった。このときに王は、橋の両側

アンリ４世（在位1589〜1610）：宗教戦争の混乱を収めた。

ルイ13世（在位1610〜43）：絶対王政の礎を築いた。

マティウ・メリアンのパリ図（1615年）：この図では上が東となる。下の方にテュイルリー宮殿と庭園がみえる。

に建築物を建てない当初案のコンセプトにたちかえっている。これはポン・ヌフからルーヴル宮殿への景観を配慮したためだといわれている。アンリ四世はルーヴル宮殿の拡張計画をあたためていたというが、不幸にもそれを実現する機会には恵まれなかった。

　さて、橋そのものは一六〇四年には開通し、一六〇六年に完成した。最後に残されたのは龍に睛を描き入れる作業である。それはポン・ヌフ中央、シテ島西端部にアンリ四世の騎馬像を設置することだった。騎馬像はフランスの彫刻家ではなくイタリアのピエトロ・タッカの手に託され、完成して設置されたのは一六一四年のことだった。

　しかし、王はその除幕に立ち会うことはなかった。一六一〇年五月一四日、狂信者フランソワ・ラバイヤックによって暗殺されたのである。同日、幼い王太子がルイ一三世としてフランス王に即位する。ルーヴル宮殿拡張計画などは、彼への宿題として残された。

リュクサンブール宮殿庭園側ファサード：後世、庭園側に拡張されているが、デザインはドゥ・ブロスのものが継承されている。典型的なルネサンス建築の三層構成ファサードであり、下からトスカナ式、ドリス式、イオニア式の各オーダーが積み重ねられている（スーパーコラムニエーション）。現在はフランス共和国上院が入っている。

リュクサンブール宮殿入口側ファサード：中央のエントランスの建築は三層構成であり、1階がトスカナ式、2階がドリス式、3階がクーポラ建築となっている。

サロモン・ドゥ・ブロスと摂政母后マリー・ドゥ・メディシス

　まだ幼かったルイ一三世に代わって政務を執ったのは、母后マリー・ドゥ・メディシスだった。アンリ四世はヴァロワ王朝の姫マルグリット（通称マルゴ）と結婚していたが、子に恵まれず、離縁して、フィレンツェのトスカナ大公メディチ家から、マリア・デ・メディチを新たな王妃に迎えた。

　この母后のために建設されたのがリュクサンブール宮殿（一六一三年着工）である。現在ではフランス共和国上院の所

サン・ジェルヴェ聖堂西側正面ファサード：教会堂本体はゴシック様式であり、ファサードのみがドゥ・ブロス設計のルネサンス様式である。１層目がドリス式、２層目がイオニア式、３層目がコリント式の双子柱で装飾された端正な造形である（スーパーコラムニエーション）。

サン・ジェルヴェ聖堂西側正面ファサード３層目のコリント式オーダー：オーダーの積み重ね（スーパーコラムニエーション）は上にいくほど直径を減じながら行われる。したがって、最上層のコリント式の部分では双子柱の間隔がかなり開くことになる。

サン・ジェルヴェ聖堂西側正面ファサード２層目のイオニア式オーダー：フリーズの部分がふくらんでいる造形はイタリアの先例でも建築書でもよくみられるものである。１層目と３層目の通常の平らなフリーズと鋭い対照をみせる。

サン・ジェルヴェ聖堂西側正面ファサード１層目のドリス式オーダー：双子柱を適用したために、柱の直上の装飾（トリグリュポス）の間隔がここだけ広くなっている。本来、一定間隔であるべきだが、双子柱を使用する場合は仕方がない逸脱だと考えられていた。

メゾン・ラフィット前庭側ファサード：それぞれドリス式オーダーとイオニア式オーダーで装飾された１階と２階に、フランス風の急勾配の屋根のなかに設けられた屋根裏部屋の層がのっている。

在地となっており、庭園は開放されて市民の憩いの場となっている。設計したのはサロモン・ドゥ・ブロス（一五七一～一六二六）で、一階がトスカナ式、二階がドリス式、三階がイオニア式の各オーダーで装飾された三層構成の、典型的なルネサンス様式のファサードをもっている。

田園のオーダーといわれたトスカナ式オーダーを採用したのは、当時パリの郊外といった趣のリュクサンブール宮殿の立地にふさわしい判断だったといえるが、トスカナ大公国出身の母后に対するオマージュでもあったのかもしれない。

一六一〇年代といえば、当時の文化的先進地域だったイタリア半島では、とうにルネサンス様式の時代は終わり、よりダイナミックなバロック（コラム9参照）が世を席巻していた。しかし、当時は様式の伝播《でんぱ》にタイム・ラグがあり、バロック様式はアルプスの北側ではあまり普及していなかった。

また、フランスの場合、一六世紀の半ばまでルネサンス様式は順調に消化吸収され、独自の完成に至っていたが、これからというときに宗教戦争の嵐にまきこまれてしまって、フランスにおけるルネサンス建築の展開は腰折れの状態だった。

それゆえ、アンリ四世からルイ一三世の時代にかけて、レスコやドゥ・ロルム、ビュランのあとを直接継ぐかのように、均整で静的なルネサンス様式がさらに洗練の度を高めていったのかもしれない。ドゥ・ブロスはそのような動きを代表する建築家である。

じつに、ゴシック様式の最後の砦だった教会堂建築の世界に初めて本格的なルネサンス様式を導入したのも彼だった。サン・ジェルヴェ聖堂ファサード（一六一六～二一）がそれであり、三層構成のファサードの一層目がドリス式、二層目がイオニア式、三層目がコリント式で装飾されている。このようなオーダーの積み重ねをスーパーコラムニエーションといい、サン・ジェルヴェ教会堂はパリにおけるその初期の作例となっている。

フランソワ・マンサールの円熟

ドゥ・ブロスの路線を受け継いで後期ルネサンス建築を究極にして完璧といってもよい境地にまで導いたのはフランソワ・マンサール（一五九八～一六六六）である。

彼の代表作はパリ郊外サン・ジェルマンの森にほど近いところに建つメゾン・ラフィット城館（一六四二～五〇）である。

当時はメゾン城館といった。ファサード全体は、ドリス式、イオニア式の二層構成にフランス風の勾配のきつい屋根（ただし、マンサード屋根ではない）をのせた構成で、その前庭側、および庭園側の中央部分のみドリス式、イオニア式、コリント式の三層構成となっている。こ

ブロワ城館前庭側ファサード：典型的なルネサンス建築の三層構成であり、下からドリス式、イオニア式、コリント式の各オーダーの双子柱が積み重ねられている（スーパーコラムニエーション）。

ブロワ城館のドリス式双子柱：１階のドリス式列柱が湾曲しているのは同時代のイタリア・バロック建築の影響である。左の２本の円柱ではフルーティング（溝）の処理が途中で止まっている。

れは典型的なルネサンスのファサード構成である。

　また、オーダーの三層構成になっている各ファサード中央部分は、フィリベール・ドゥ・ロルムやジャン・ビュランのエントランス建築の影響を受けたといわれている。フランス・ルネサンス最後の傑作といわれており、施主ルネ・ドゥ・ロングイユから事業に関してフリーハンドを与えられたマンサールは、通常は図面と模型で行う各案の検討を実物を建てたり壊したりしながら進めたという。

　その他の代表作としてはブロワ城館オルレアン棟（一六三五～三八）がある。ルイ一三世の弟ガストン・ドルレアン（オルレアン公ガストン）の居城として増改築されたもので、ファサードはドリス式、イオニア式、コリント式の三層構成という典型的なルネサンスの立面構成だが、双子柱を使用し、ドリス式の部分は曲線を使った両前方に湾曲しつつ迫り出してくるデザインを採用して、ローマ・バロックの影響にも無関心ではなかったことを示している。

column 8

ローマ・バロック

ベルニーニのサンタンドレア・アル・クィリナーレ聖堂内部：楕円形クーポラの縁に彫像群が配され、建築と彫刻が渾然一体となった官能的な空間をつくりだしている。

カトリック信仰の炎の具現化

一五一七年、ドイツ・ザクセン地方の聖職者マルティン・ルターは九五か条の論題で教皇レオ一〇世の贖宥状《しょくゆうじょう》（いわゆる免罪《めんざい》符《ふ》）政策に抗議の声をあげ、カトリック教会の頂点である教皇に対して公然と反旗を翻した。

これを契機に北方の国々で宗教改革の嵐が吹き荒れカトリック存亡の危機に陥ったが、カトリック側もただ指をくわえてみていたわけではなく、トレント公会議（一五四五～六三）以降、行政改革を推進して聖省組織を整え、イエズス会などによる宣教、再宣教も進み、新たなカトリック信仰の炎が燃え上がった。

そもそもバロック芸術は、このカトリック改革のなかから誕生したものであり、新たに再生したカトリック信仰の炎が具現化したものである。ローマでは、ミケランジェロによって完成されたサン・ピエトロ使徒座聖堂のさらなる大拡張工事が始まった一六世紀末以降、芸術の大きな潮流となった。

最初のローマ・バロック建築の巨匠はカルロ・マデルノ（一五五六～一六二九）である。サン・ピエトロ大聖堂の延長された本体やそのファサード、ローマ市内のサンタ・スザンナ聖堂などの作品がある。

そして、次世代の建築家の時代に至り、ジャン・ロレンツォ・ベルニーニ（一五九八～一六八〇）のサン・ピエトロ大聖堂での一連の仕事や自らの最高傑作と称したサンタンドレア・アル・クィリナーレ聖堂、

アザム兄弟のザンクト・ヨーハン・ネポムーク聖堂内部：祭壇上部には４本のねじり柱がある。これは典型的なローマ・バロック的な建築ヴォキャブラリーである。

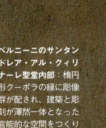

ボッロミーニのサン・カルロ・アッレ・クワットロ・フォンターネ聖堂正面：ボッロミーニが手がけたのは写真に写っている１層目のみである。大きなスケールのオーダーと小さなスケールのオーダーを共存させたデザインには、ミケランジェロのパラッツォ・デイ・コンセルヴァトーリの影響がうかがえるが、壁面そのものをうねらせることによって新しい世界に踏み出している。

ボッロミーニのサン・カルロ・アッレ・クワットロ・フォンターネ聖堂内部：楕円形クーポラを中心に複雑な立体形状となっているが、じつは円や正三角形といった単純幾何学図形の組み合わせによって造形されている。クーポラ中央の明かり取りのランタン（頂塔）の天井には聖霊をあらわす白い鳩が描かれている。

フランチェスコ・ボッロミーニ（一五九九～一六六七）のサン・カルロ・アッレ・クワットロ・フォンターネ聖堂のようなローマ・バロックの傑作群が誕生した。

ダイナミックな楕円、うねるファサード

この一大潮流はイタリア各地のみならず、若干のタイムラグを経たうえではあるが、南ドイツやオーストリアなど欧州各地に広まっていった。

トリノではグァリーノ・グァリーニ（一六二四～八三）のサン・ロレンツォ聖堂やパラッツォ・カリニャーノ、ミュンヒェンではコスマス・ダミアン・アザム（一六八六～一七三九）、エーギド・クヴィリン・アザム（一六九二～一七五〇）兄弟のザンクト・ヨーハン・ネポムーク聖堂、ヴィーンではヨーハン・ベルンハルト・フィッシャー＝フォン＝エルラッハ（一六五六～一七二三）のカールスキルヒェのようなローマ・バロック系統の名建築が建設された。

これらローマ・バロック建築のデザイン的特徴は、前時代のルネサンス建築家たちが正方形や円のような静的な幾何学図形を好み、一平面のファサードに各階ごとに等間隔でオーダーが並ぶというやはり静的な構成を望んだのに対し、よりダイナミックな楕円、凹凸激しくうねるファサードを志向したことである。このような特徴から「歪んだ真珠」を意味するポルトガル語バロッコがその様式名となった。

フィッシャー＝フォン＝エルラッハのカールスキルヒェ正面：ローマ・バロック的な楕円形クーポラが中心にそびえ、その両側に古代ローマ風の記念柱が建てられている。入口は古代ローマの神殿建築のファサードのようである。ローマで建築を学んだ成果が遺憾なく発揮されている。

7

フランス学士院

イタリア・バロックへのあこがれ

マザラン枢機卿のバロック導入運動

フランソワ・マンサールがイタリア・ルネサンス建築の傑作に勝るとも劣らないフランス・ルネサンスの作品群を世に送っていた頃、イタリア半島の建築シーンはすでにルネサンスからバロックに移り変わっていた。

バロックとは「歪んだ真珠」を意味するポルトガル語バロッコに由来する言葉であるとの説が有力であり、ルネサンス建築の秩序だった静的なデザインに対して、楕円形クーポラや立体的ファサードを好むダイナミックな造形がそのデザイン上の特徴といわれている。

一方、摂政母后マリー・ドゥ・メディシスの影響力を排した国王ルイ一三世はリシュリュー枢機卿（一五八五〜一六四二）を積極的に登用してフランス絶対王政の礎《いしずえ》を固めつつあった。リシュリュー枢機卿は一六四二年に薨去《こうきょ》し、翌年五月一四日に国王ルイ一三世が後を追うように崩御すると、四歳の王太子ルイが

ジュール・マザラン枢機卿：イタリア・バロックをフランスに導入しようとした。

ルイ・ル・ヴォー：1612年、パリで石工の息子として生まれた。1654年にジャック・ル・メルシエの跡を襲って国王付首席建築家に就任し、1650、1660年代の国王の建設事業を主導した。ローマ・バロック建築の世界にフランスでもっとも接近した建築家といってよいだろう。

Data

代表建築
フランス学士院
Institut de France
（旧コレージュ・デ・キャトル・ナシオン Collège des Quatre Nations）

様　式
バロック様式

住　所
23, quai Conti, 75006 Paris

最寄り駅
地下鉄1号線
ルーヴル=リヴォリ
Louvre - Rivoli
地下鉄7号線
ポン・ヌフ（ラ・モネ）
Pont Neuf (La Monnaie)

ヴォー＝ル＝ヴィコント城館の前庭側ファサード：中央部分から両端にいくにつれて前方に迫り出してくるような立体的ファサードはローマ・バロック建築の世界に属するものである。

一四世（一六三八〜一七一五）として「フランスおよびナヴァールの王」に即位した。母后アンヌ・ドートリッシュが摂政に立てられたが、実質的に政務を取り仕切ったのはリシュリュー枢機卿の後継者ジュール・マザラン枢機卿（一六〇二〜六一）である。

マザラン枢機卿は、もともと、ジュリオ・マッツァリーノといい、イタリア半島出身だった。彼のもと、フランスでもイタリア・バロック芸術の導入が図られたのである。マザラン宰相がまず目をつけたのは建築ではなく舞台芸術だった。

このようなわけで、一六四七年にはルイジ・ロッシの作曲、ブティ神父の台本、ジャコモ・トレッリの舞台装置・演出によりオペラ『オルフェーオ』が上演された。全編を歌うというオペラという劇場ジャンルは定着しなかったが、トレッリの華麗なバロック的舞台は大成功を収め、舞台の上で展開されたつかのまの、ローマ・バロック風の聖堂建築や宮殿建築にフランス人たちは目をみはった。

一六四八年から一六五三年まで断続的に続いたフロンドの乱により、マザラン枢機卿の権勢はかげりをみせるが、それとは関係なくイタリア・バロック導入への熱意はなおも燃え上がっていったようである。

一六五〇年には王室の亡命先だったノルマンディ地方のルーアンで『アンドロメード』が上演されている。これは大悲劇作家ピエール・コルネイユによるフランス語作品であり、出版されたときに機械仕掛をともなう悲劇であることが明記されていた。ルイ一四世の結婚を祝って一六六〇年に上演された『金羊毛』もコルネイユ台本である。これらの作品はオペラではなく、基本的に従来の台詞による演劇だったが、イタリア・バロックの華やかな舞台芸術がふんだんに取り入れられていた。

そして、一六六一年三月九日に薨去したマザラン枢機卿の遺志を尊重して、一六六二年、フランチェスコ・カヴァッリ作曲、ヴィガラーニ父子演出の『恋するエルコレ』がテュイルリー宮殿の付属劇場で上演された。この上演も成功はしなかったようだが、一〇年後の一六七二年にはジャン・バティスト・リュリらの努力によって、宮廷バレの要素もふんだんに取り入れた、フランス語による独自のフランス・オペラが誕生した。

ヴォー＝ル＝ヴィコント城館の庭園側ファサード：中央の吹き抜けとなった楕円形広間は楕円形クーポラをいただいており、これが庭園側ファサードをもっとも特徴づけている要素である。

バロック建築家 ルイ・ル・ヴォー

しかし石造の恒久建築の世界では、フランソワ・マンサールらの端正なルネサンス建築がまだ主流だった。このようななか、マザラン枢機卿の期待に応えるかのように、一六五〇年代から一六六〇年代にかけて、ローマ・バロック建築の世界にもっとも近づいていったのがルイ・ル・ヴォーである。

ル・ヴォーはパリで石工の息子として生まれた。一六三五年から一六四四年まで父とともにサン・ルイ島（セーヌ川の中洲）の開発に従事し、この間、ランベール邸館（一六四〇〜六〇頃）、サンクト邸館、エスラン邸館、ローザン邸館など一七作品を手がけて建築家としてのキャリアーを歩み出している。一六四四年には国王付秘書官の官位を購入し、一六五四年、ジャック・ル・メルシエの没後、国王付首席建築家となる。

その彼の、もっともローマ・バロック的な作品が、ヴォー＝ル＝ヴィコント城館であり、パリのコレージュ・デ・キャトル・ナシオンだった。

コレージュ・デ・キャトル・ナシオン

コレージュ・デ・キャトル・ナシオンとは直訳すると「四国学院」ということになる。この場合のキャトル・ナシオンとは、マザラン枢機卿の主導のもとにスペイン王国

コレージュ・デ・キャトル・ナシオンのファサード：全体は、左端のパヴィリオン（棟）、湾曲部、クーポラをいただいた中央部、湾曲部、右端のパヴィリオンという５部分からなっている。左端、中央、右端でジャイアント・オーダーが使用されているのに対し、湾曲部は１階がイオニア式、２階がコリント式の二層構成となっていて、鋭い対照をみせている。

とのあいだに一六五九年に締結されたピレネー講和条約によって新たにフランス領となったアルトワ、アルザス、ピエモンテ、ルーシヨンという四つの地方のことをさしている。その名のとおり、これらの地方出身の学生六〇名を受け入れることとなった。学院は一六八八年には開校し、革命中

コレージュ・デ・キャトル・ナシオンのコリント式ジャイアント・オーダー：表面にみえる目地からもわかるとおり、エンタブレチュアはある種のアーチ構造をとっている。

コレージュ・デ・キャトル・ナシオンの中央のクーポラ：中央部の入口はコリント式ジャイアント・オーダーをそなえた神殿風モチーフでデザインされている。サン・ピエトロ使徒座聖堂ファサードを設計したカルロ・マデルノ風の手法、すなわち、中央部を張り出してファサードに立体感をもたせ、円柱の立体感と間隔をさまざまに操作してファサードに動きをもたらすという手法が用いられている。

の一七九〇年に閉校されるまで歴史をつむいだ。その後、一八〇五年に五つのアカデミーからなる学士院（一七九五年設立）が移設され、現在に至っている。なお、所属するアカデミーは、アカデミー・フランセーズ（一六三五〜）、碑文・文芸アカデミー、科学アカデミー（一六六六〜）、芸術アカデミー、人文・社会科学アカデミー（一八三二〜）である。

　さて、コレージュ・デ・キャトル・ナシオンの建物は一六六一年一二月三一日に立地案が進言され、一六六二年から一六六七／六八年にかけて建設されている。すでに薨去していたマザラン枢機卿の遺志を継いでの事業だった。彼はこのために二〇〇万リーヴルもの基金を遺していた。

　デザインは、当時はまだフランスでは珍しかったイタリア風バロック建築そのものである。中央のクーポラをいただいた部分から前方に湾曲している翼棟のありさまなどは、ローマのサン・ピエトロ使徒座聖堂のベルニーニによる広場などにもみられ、まさしくローマのバロック建築の再現である。

　クーポラをいただいた大空間への志向もローマ・バロック建築のものである。

コレージュ・デ・キャトル・ナシオンの東棟：コリント式ジャイアント・オーダーのピラスターで装飾されている。隅部でピラスターの端をそろえて角柱のようにみせる手法をとっておらず、エンタブレチュアのシルエットが複雑に処理されている。

一六四〇年代以来フランスに導入されてきたバロックの舞台芸術にあらわれる建造物が、石造の恒久建築として実現したのだといえよう。

ここではまた、一六世紀前半にミケランジェロが発明し、バロック建築において一般的に用いられるようになったジャイアント・オーダーが、クーポラを備えた中央部と両端部のパヴィリオン（棟）で使用されてもいる（コリント式）。ただ、中央部と両端部を結ぶ湾曲した翼棟の部分は二層構成となっており、一層目がイオニア式オーダー、二層目がコリント式オーダーで装飾されている。

この処理によってコレージュ・デ・キャトル・ナシオンのファサードに変化をもたらしているが、ジャイアント・オーダーの部分と二層構成となっている部分の接合はかなり唐突である。このディテールの唐突さはヴォー＝ル＝ヴィコント城館でもみられることで、ル・ヴォーはこういった点には無頓着だったともいえる。あるいは、細かなディテールの収まりよりも、異なる装飾要素をじかに結合させることによって、デザインにダイナミックな動きを与えたかったのかもしれない。

8

ルーヴル
絶対王政の殿堂

ルーヴル宮殿とテュイルリー宮殿

フランソワ一世が王宮をルーヴルに移し、アンリ二世治世下にレスコによるルネサンス様式の新宮殿が完成した後も、ルーヴル関連の事業は後継者たちによって続けられた。アンリ二世の時代にはルーヴル宮殿のさらに西側に、ドゥ・ロルムによってテュイルリー宮殿も造営されており、ルーヴルとテュイルリーを長大なギャラリーによって連結する計画も進められた。このギャラリーはセーヌ川沿いに建設されている。

さらに、宗教戦争の混乱を収めたアンリ四世は、ルーヴル宮殿自体の拡張を考えていた。ポン・ヌフが両脇に建築物を建てない新しい方法で計画されたのも、

ソルボンヌ大学付属聖堂ファサード：フランスでは初期のイル・ジェズ形ファサード適用例である。イル・ジェズ形ファサードとは、二層構成としてそれぞれにオーダーを施し、身廊と側廊の高さの差は1層目（側廊、身廊、側廊を含む）と2層目（身廊上部のみ）の幅の差で吸収するというものである。

17世紀前半のルーヴル（南側ファサード）：向かって右端にみえる塔が中世城塞の名残である。

Data

代表建築
ルーヴル美術館
Musée du Louvre
（旧ルーヴル宮殿 Palais du Louvre）

様　式
ルネサンス様式、バロック様式、ネオ・バロック様式

住　所
Musée du Louvre, 75001 Paris

最寄り駅
地下鉄1号線
ルーヴル=リヴォリ
Louvre - Rivoli

ソルボンヌ大学付属聖堂ファサードのコンポジット式オーダー：コンポジット式オーダーの柱頭は、その上部はイオニア式、下部はコリント式の要素からなっている。イオニア式の部分の卵形装飾と鏃形装飾はここでは省略されている。フリーズにはふくらみがみられる。

橋からセーヌ川を挟んでのルーヴルへの眺望を考慮したためといわれている。

ル・メルシエとローマ・バロック建築

ルーヴル宮殿の拡張計画が実行に移されたのはルイ一三世の時代である。担当したのはジャック・ル・メルシエ（一五八五〜一六五四）であり、国王付首席建築家にまでのぼりつめた一七世紀前半のフランスを代表する建築家の一人である。

ジャック・ル・メルシエ：国王付首席建築家にまでのぼりつめた17世紀前半のフランスを代表する建築家の１人である。

当時の巨匠フランソワ・マンサールよりも一回り年上だったが、マンサールがフランス後期ルネサンスの完成者であるのに対して、彼の建築はローマ・バロック建築の影響を多少は受けたものだった。とりわけ、宗教建築の分野ではローマ・バロックの聖堂建築のひとつの典型であるイル・ジェズ形ファサードをいち早く導入しており、ソルボンヌ大学付属聖堂（一六三五〜四二）やヴァル・ドゥ・グラース修道院聖堂（一六四五年頃、マンサールの設計を引き継いで完成させた）といった作品がある。

ソルボンヌ大学付属聖堂ファサードのコリント式オーダー：コリント式オーダーの柱頭の造形はなかなかの細工だが、エンタブレチュアその他は簡素な仕上げである。

さて、当時のルーヴル宮殿は、レスコによって西棟と南棟が一新されていたが、東棟と北棟はルーヴル城塞当時のままだった。つまり、ルネサンスの新しい建築と中世の軍事建築のハイブリッド建築だったのである。ルーヴル宮殿の拡張事業とは、この東棟と北棟を取り壊し、さらに西棟と南棟の幅を二倍にのばすことによって、クール・カレの面積をほぼ四倍に拡張することだった。

ル・メルシエは西棟、すなわち、レスコ棟はそのままの形で保存し、そのデザインを拡張部分にも踏襲することでこの課題に応えた。もっとも、たんにレスコ棟のデザインを横に展開させただけだったなら、ファサードのデザインが単調でしまりのないものとなっただろう。ル・メルシエの創意は、拡張された西棟の中央に時計のパヴィリオン（一六二四／二五〜）を設けたことにあった。

時計のパヴィリオンの独創性

そのデザインも、レスコ棟のデザインを巧みに消化しつつ独創性を発揮したものだった。時計のパヴィリオンはレスコ棟よりも一層分高い四層構成になっていて、そこにさらに方形クーポラをのせた

時計のパヴィリオンのカリアティード：２体のカリアティードが手を取り合い、視線にも動きがある。古代ギリシアやグージョンの先例の厳かさとは異なる官能的で優美な趣である。

時計のパヴィリオンのカリアティード：１層目と２層目のオーダーが双子柱になっているところの直上では２体のカリアティードが並び立っているが、単独柱のところの真上では１体がもう１体の後ろに隠れるかのようである。

時計のパヴィリオンのファサード：方形クーポラをいただいた四層構成の建造物。１層目から３層目まではレスコ棟のデザインを踏襲している。４層目にカリアティード(女身柱)を適用するというアイデアにル・メルシエの独創性がうかがえる。その上のペディメントについては、小さな三角形ペディメントを中くらいの櫛形ペディメントが囲い、さらに大きな三角形ペディメントが全体を囲むという複雑な形状となっている。

時計のパヴィリオンのアティック：時計の両脇には戦利品装飾（トロフェ)がみられる。

ものである。下の三層はレスコ棟のデザインをそのまま踏襲して、一階がコリント式オーダー、二階がコンポジット式オーダーで装飾され、三階がレリーフを施したアティックとなっている。

　ここで問題となるのは四階のファサード・デザインである。ここにオーダーを使用する解決案は考えられない。スーパーコラムニエーションの規則によると、トスカナ式→ドリス式→イオニア式→コリント式→コンポジット式の順番に積み重ねなければならないのだが、レスコ棟のファサードでは二階ですでにコンポジット式オーダーが使用されており、上に重ねることのできるオーダーはないということになるのである。

　そこでル・メルシエは、最上層にカリアティード（女身柱）のペアを四対使用することでこの難問を解決した。コンポジット式オーダーよりも華麗かつ繊細なものとしてはこれしかないということである。もともと、各オーダーは人体比例のアナロジーと考えられており、ドリス式は男性、イオニア式は婦人、コリント式は乙女のそれをあらわしたものといわれてきた。コンポジット式もコリント式に準じて乙女の身体比例を表したものと考えることができ、これを上回る華麗さ繊細さを実現するには、乙女の体そのものを表現する必要があったのである。

カリアティードの使用は、三層目まではルネサンス様式のレスコのデザインを適用している時計のパヴィリオンにバロック建築としての彩りを添えることにもなった。バロック建築は絵画や彫刻と渾然一体となったデザイン・空間を志向する傾向があり、ここでもカリアティードの見事な彫刻が建築表現の一部となって時計のパヴィリヨンのデザインをバロック的高みに引き上げている。

ルーヴル宮殿東側ファサードをめぐる葛藤

ルーヴル宮殿クール・カレの拡張事業は順調に進み、ルイ一四世の時代にも引き継がれた。一六六〇年代に入るとクール・カレの外側、とりわけルーヴル全体の正面となる東側ファサードのデザインを検討する段階に達した。ル・メルシエの跡を継いで国王付首席建築家となっていたル・ヴォーが案を出したが、一六六四年に国王付建設局長官となっていたジャン・バティスト・コルベールはこれを却下したという。

ル・ヴォーの案は、楕円形クーポラをいただいた吹き抜けの広間を中心に据え、ファサードにはコリント式ジャイアント・オーダーを施すという、ローマ・バロック建築の影響色濃いものだった。

この案に代わるものを求めるべく、コルベールは内外の建築家に新案を依頼した。彼の本命は当時の巨匠フランソワ・マンサールだったかもしれない。しかし、マンサールは完璧主義者として知られており、コルベールの求めにもなかなか完成案を出してこない。結局、マンサールが一六六六年に亡くなっても出てこなかったのだが、それに先立つ一六六五年、業を煮やしたコルベールはローマの建築家四人にも接触し、そのうちの一人、ローマ建築界の押しも押されもせぬ巨匠ジャン・ロレンツォ・ベルニーニに白羽の矢を立てた。

とはいっても、第一案は却下された。楕円形の広間を中心に、そこから湾曲した翼棟を前方にのばし両端のパヴィリオンにつなげるという、まさに本場のローマ・バロック建築だったのである。これにはルイ一四世もコルベールもびっくりしたにちがいない。とにかくベルニーニと濃密に意思疎通を図るために大先生にはパリに御身をお運びいただくことになった。このときに随行したフランスの貴族（フレアール＝ドゥ＝シャントルー）の日誌が残っていて、当時のイタリアとフランスの建築に対する考え方の違いがわかる、貴重な資料となっている。

ベルニーニ案のローマ・バロック

パリに到着したベルニーニは現地の代表的な建築を見学しつつ、新たな案をまとめていった。そうして完成した第三案は、第一案と違って直線主体のデザインとなった。コリント式ジャイアント・オーダーは引き続き用いられ、一階部分はルスティカ積仕上げを採用している。ルイ一四世は、とりわけ、自然石を模したこの仕上げを評価したといわれている。

楕円形広間はなく、曲線を廃した直線的デザインにはなったが、ローマ・バロック建築の風味は失われていない。すなわち、端部におけるピラスターと中央部におけるハーフ・コラムの使用、および、柱の間隔を一定にしない操作によって、ルネサンス建築のような均一かつ平面的なファサードではなく、中心性を強調した立体的なファサードとなっている。このような手法はベルニーニの師匠カルロ・マデルノが得意としたところで、ローマのサン・ピエトロ使徒座聖堂やサンタ・スザンナ聖堂でみられる。

また、フランス風の急勾配の屋根ではなく、低勾配の屋根を手すり壁（バラストレード）で隠して、あたかも陸屋根《ろくやね》（平らな屋根）のようにみせる作り方も、バロック特有ではないが、イタリア風の処理だといえる。

王とコルベールの認可を受けてこの案は一六六五年に着工された。しかし、フランス人建築家たちの強烈な巻き返しがあったようで、急に工事が中止されている。もっとも、大巨匠を手ぶらで帰すわけにはいかないというわけか、彫刻家としても著名な氏に、ルイ一四世の胸像や騎馬像を発注しつくってもらっている。

ベルニーニ案が葬られた背景にはイタリアとフランスの宮殿設計に対する考え方の違いもあったという。イタリアでは四角の部屋を連ねて臨機応変に使っていけばよいという考え方だったようだが、フランスでは寝室なら寝室、衛兵の間なら衛兵の間というように広間の機能にのっとった計画が求められていたのである。また、中庭に柱廊を設けることの是非や車宿りの有無に対する感覚も異なっていた。

三人委員会案のフランス・バロック

そういうわけで、ル・ヴォー、国王付

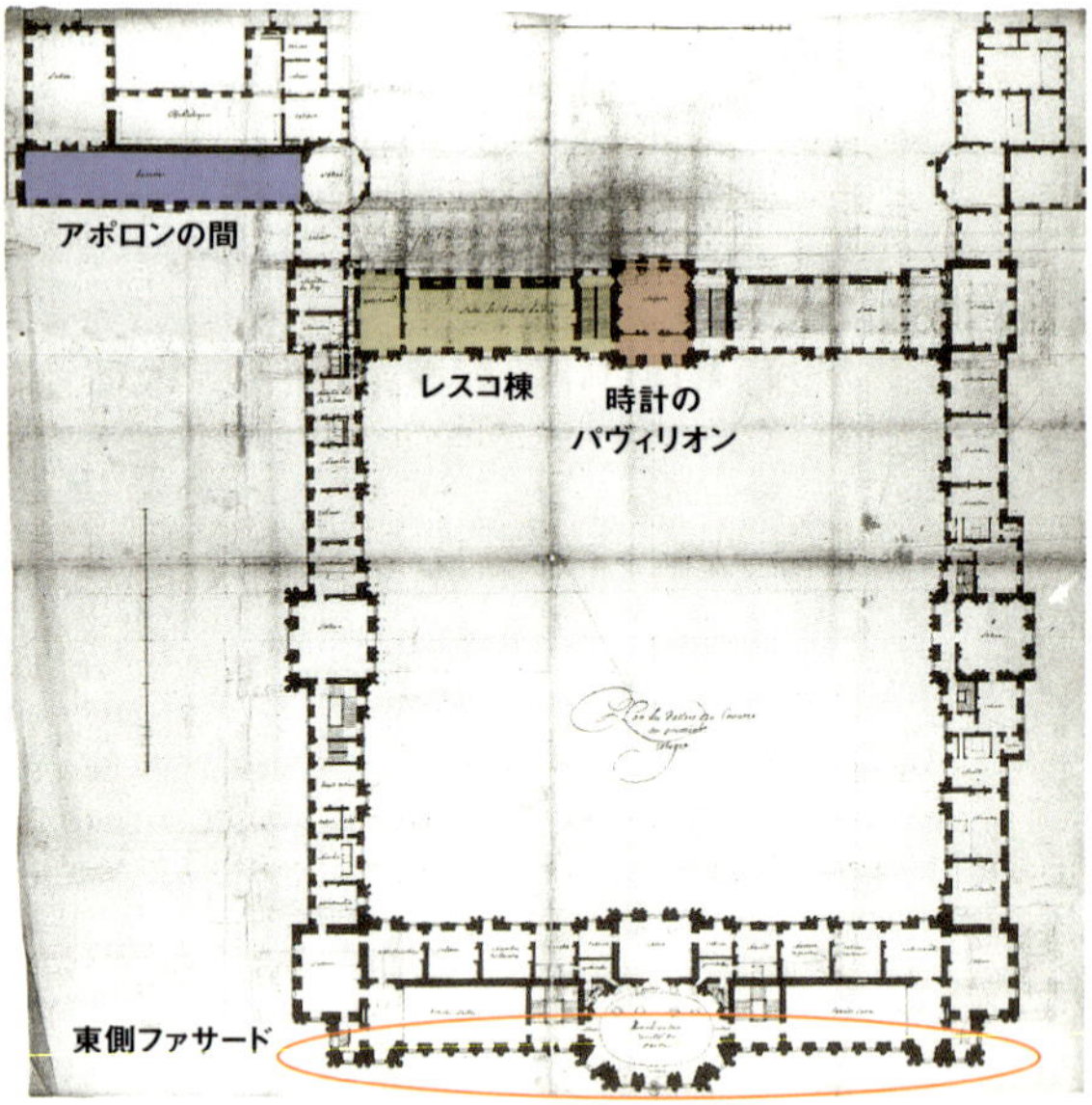

ルーヴル宮殿ル・ヴォー案平面図（上が西）：東棟中央にある吹き抜けの楕円形広間に焦点のある設計である。ヴォー＝ル＝ヴィコント城館のようなローマ・バロック的な建築をめざした案といえよう。

ルーヴル宮殿ベルニーニ第１案：中央の楕円形平面の部分から両翼が湾曲して前方に迫り出すという典型的なローマ・バロック建築である。

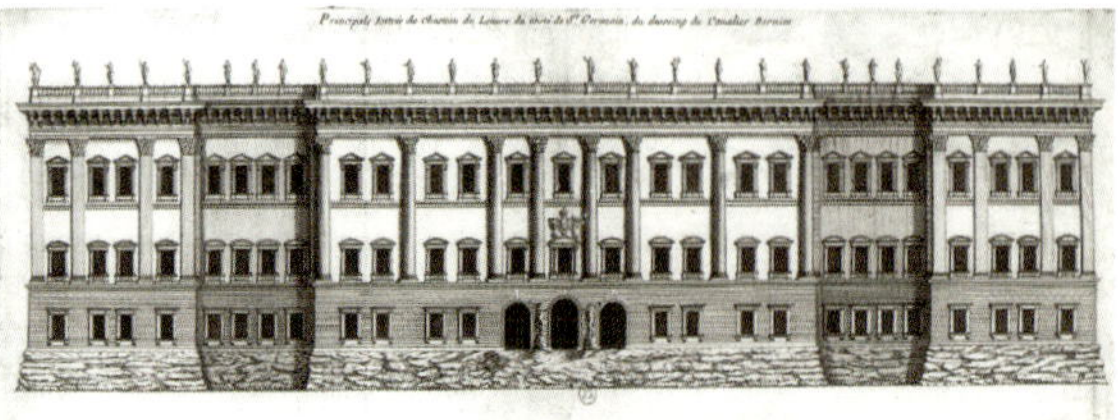

ルーヴル宮殿ベルニーニ第３案：第１案よりはおとなしくなったものの、カルロ・マデルノ風の処理（柱の間隔を自由に操作する、中央部に近づくにつれて柱の立体感を高める）により、ローマ・バロック建築的なテイストは保たれている。

旧50,000イタリア・リラ紙幣に描かれたベルニーニ

ルーヴル宮殿東側ファサード列柱廊：コリント式ジャイアント・オーダーの双子柱による列柱廊の実現には鉄筋の使用が不可欠だった。これについてはクロード・ペローの関与が強かったのではないかといわれている。

ルーヴル宮殿東側ファサード列柱廊のコリント式オーダー：柱頭だけでなく、アーキトレーヴとフリーズの縁の装飾など、王宮にふさわしい大変質の高い仕事である。アーキトレーヴとフリーズに施された目地をみると、これらがある種のアーチ構造になっていることがわかる。

ルーヴル宮殿東側ファサード列柱廊の中央部のレリーフ：正面からみた４頭立て馬車を表現している。馬車には雷ていをつかんだ鷲のレリーフがあり、これは神々の王ゼウスの象徴である。

首席画家シャルル・ル・ブラン（一六一九～九〇）、クロード・ペロー（一六一三～八八）からなる三人委員会による新案が一六六七年に検討された。彼らの東側ファサード案は、ベルニーニの諸案とはまったく異なるものだった。屋根形状とコリント式ジャイアント・オーダーだけは共通しているが、双子柱が同一間隔で並ぶ均一かつ静的な秩序を感じさせるものとなった。

その独創性はこれらの双子柱による列柱廊（コロネード）の採用にあらわれている。そもそも、これだけ壮大な列柱廊は石造のみによっては実現不可能だった。石材は剪断力に対して弱いからである。彼らは列柱廊を形成する円柱や、エンタブレチュアに鉄筋を使用することによってこの問題を解決した。このアイデアは、

サン・マルタン門：「ルイ大王」の事績を高らかにうたいあげる銘板が彫られたアティックをいただき、三連アーチの形式を採用したいわゆる凱旋門モチーフによる全体として伝統的なデザインである。ただ、オーダーを用いず、中央アーチの両脇（スパンドレル）にヘラクレスに扮したルイ14世を中心としたレリーフを大々的に展開させている点は大胆である。

サン・ドゥニ門：ローマのティトゥス帝記念門と同様の単一アーチの形式だが、凱旋将軍の事績を書いた銘文をかかげる場所であるアティックがなく、オーダーの代わりに戦利品装飾が施されたオベリスクが用いられている点で、独創性あふれるデザインといえる。

医学、科学にも通じたペローのものだといわれている。

伝統的にこのファサードのデザインはペローの才に帰されてきた。ペロー自身も自著に掲げた銅版画でそう主張している。だが、ペローの関与は鉄筋の使用など技術的な面では疑いないが、デザインに関しては、たとえば双子柱による列柱廊はル・ヴォーの弟フランソワ・ル・ヴォーのアイデアではないかともいわれていて、ル・ヴォー兄弟の貢献はかなり大きいのではないかと思われる。

教会バロックと王権バロック

なお、直線主体のこのデザインは、ローマ・バロックの系統に属するものではないのはたしかで、従来、「フランス古典主義」だといわれてきた。たしかに、以上の経緯は、ローマ・バロック、すなわち、教皇庁の教会バロックの否定という文脈でとらえることができる。だが、教会バロックに代わって立ちあらわれてきたのは、「フランス古典主義」建築というよりも、独自の「フランス・バロック」、別の表現を用いれば「王権バロック」ではないかと考える。

バロックの特徴は、絵画や彫刻と渾然《こんぜん》一体となった総合芸術的な空間への志向と、目の前にある事象を重視する態度にある。建築において、後者は外側の論理と内側の論理をそれぞれの都合に即して別々に考える態度にあらわれている。ローマ・バロックの楕円形や曲線を重用した空間造形や立体的ファサードも、右の二点の特徴が教会バロック的なあらわれ方をしたものと解釈できる。すなわち、熱烈なカトリック信仰の炎の表現である。

じつは、ルーヴルの王権バロックもこれら二つの特徴を満たしている。ルーヴルの東側ファサードは、あくまでルイ一四世の王権を誇るのに適切な表現を求めつづけた末に到達した解決案なのであり、内部の機能や論理とは無関係に構築されている。事実、ヴェルサイユのために王宮としてのルーヴルが放棄されたあと、クール・カレを取り囲む建築群の内部は、東棟も含めて空洞のままのところが多か

パリ廃兵院全景：水平的に大展開している壮大な建造物である。ドーム聖堂以外のほぼすべてがリベラル・ブリューアンの手になる。

った。結局、荘重なる列柱廊にふさわしい機能が満たされたのは、ナポレオン一世登極後にルーヴル美術館が設立されたときだったのである。

　ローマ・バロックがカトリック信仰への熱意の表現であったのと同様、フランス・バロックは王権の権威のこれ以上ない表現であり、造形上の傾向の違いは、表現したかったものの違いに帰されるであろう。

パリの王権バロック

　パリには、ルーヴル宮殿以外にもルイ一四世の足跡が残っている。その最たるものは、一六七〇年に行われた市壁の完全撤去であり、跡地にはブールヴァールが通され、二か所には記念門が建立された。今も残るサン・ドゥニ門（一六七二）とサン・マルタン門（一六七四）がそれである。このようなことが可能だったのは、フランスの国境地帯、とりわけ北部国境と東部国境の諸都市が、築城の第一人者ヴォーバンによって強固に要塞化されたからである。

　一六七四年に設立された廃兵院《はいへいいん》（オテル・デザンヴァリード）も見逃せない。廃兵院とは負傷したり年をとったりして退役した元兵員たちの療養施設、老人ホームのようなものである。付属教会堂も

パリ廃兵院付属サン・ルイ・デザンヴァリッド教会堂内部：装飾としては、身廊にコリント式ジャイアント・オーダーのピラスターが並んでいるだけといってよく、白一色のストイックな空間である。ここもブリューアンの設計である。

ジュール・アルドゥアン＝マンサール：偉大なるフランソワ・マンサールの親戚であり、元の名をジュール・アルドゥアンといった。1678年から始まったヴェルサイユ宮殿鏡の間の建築家として抜擢され、以後、ヴェルサイユの建設事業を一手に引き受けた大建築家である。

パリ廃兵院付属ドーム聖堂クーポラ外観：クーポラ自体も二層構成であり、その上に金色に輝くクーポラ本体がのっかっている。第１層はコンポジット式オーダーの双子柱で装飾されている。

パリ廃兵院付属ドーム聖堂ファサード：正方形平面とギリシア十字平面を組み合わせ、十字の中央に高いクーポラ（ドーム）がそびえている。また、第１層がドリス式で第２層がコリント式という二層構成となっている。これらの特徴は盛期ルネサンス建築と共通するが、これがフランスのバロック宗教建築の代表例といわれているのはクーポラの構造のゆえである。

含めてそのほとんどの部分をリベラル・ブリューアンが設計したが、教会堂に隣接したドーム聖堂（一六七七〜一七〇七）こそが全建造物の構成上の要であり、その一番おいしい部分はジュール・アルドゥアン＝マンサール（一六四六〜一七〇八）がもっていくこととなった。

パリ廃兵院付属ドーム聖堂クーポラ内部：クーポラを内部からみると窓列が一列となっており、第２層の窓はみえない。この礼拝堂のクーポラは三重殻クーポラであり、第１層と第２層の間に第1殻がある。この第1殻の中心は円形に大きく開いており、そこから第２殻に描かれた中央の円形天井画がみえる。その上にさらに小屋組で嵩上げされて第３殻が築かれ、これがクーポラの外形を描き出している。

ヴィクトワール広場中央のルイ14世騎馬像：古代ローマ風の衣装に身を包んだルイ14世。現在の像は1822年に設置された。栄光に満ちた王のイメージを市民に発しつづけた。

ヴィクトワール（勝利）広場全景：円形広場の周囲にアルドゥアン＝マンサール設計の三層構成のァサードが建設された。１階は基壇仕上げであり、２階と３階がイオニア式ジャイアント・オーーのピラスターで装飾されている。これらの上にアティック階や屋根裏部屋がのっている。

ヴァンドーム広場全景：中央にあったルイ14世立像はフランス革命のときに撤去され、ナポレオン1世時代に記念柱が建てられた。

ヴィクトワール広場のイオニア式ジャイアント・オーダー：隅部ではピラスターを端に寄せて１本の角柱にみえるような処理をしていない。そのため、アーキトレーヴとフリーズが複雑なギザギザのシルエットを描き出しているが、コーニスはそれに追随せずに単純なラインを描いている。

ヴァンドーム広場のコリント式・ジャイアント・オーダー：ここでもピラスターを端に寄せて１本の角柱にみえるような処理をせず、エンタブレチュアがギザギザのシルエットを描き出している。

アルドゥアン＝マンサールは、偉大なるフランソワ・マンサールの大甥であり、元の名をジュール・アルドゥアンといった。一六七八年から始まったヴェルサイユ宮殿鏡の間の建築家として抜擢され、以後、ヴェルサイユの建設事業を一手に引き受けた大建築家である。

彼はまた、二つの広場をデザインしてもいる。ヴィクトワール広場とルイ一四世広場（現在のヴァンドーム広場）である。これらの広場の中央には王の彫像が設置されていて、王のイメージをつねに市民に発しつづけるという役割を負っている。このような広場はパリだけでなくフランス各地につくられ、フランス語でプラス・ロワイヤル（place royale）という。これを直訳すると国王広場となるが、王の彫像が中央に置かれていることから「王像広場」という訳も行われている。

ルイ一四世とルーヴル宮殿アポロンの間

ルーヴル宮殿アポロンの間全景：ル・ブランが構想したアポロンの間の天井画のアンサンブルは、スタッコ装飾（漆喰の一種）とだまし絵の技法を駆使したイタリア・バロックの宮殿建築の天井画の影響が色濃い。しかし、この案の実施は19世紀のドゥラクロワの活躍を待たねばならない。

ルイ14世（在位1643～1715）：この肖像画は1701年にイアサント・リゴーによって描かれたもの。王は若い頃、ダンスを得意としており、ここでもポジシオン・キャトルト（4の位置）がきまっている。

ヴェルサイユ的な世界

王権バロックを代表する建築はもちろんヴェルサイユ宮殿だが、パリの建築のなかでヴェルサイユ的な空間を求めるとするなら、それはルーヴル宮殿のクール・カレのまわりの建造物であり、内部空間ではルーヴル宮殿内のアポロンの間（Gelerie d'Apol-lon）をあげることができるだろう。

とりわけ、アポロンの間は、ヴェルサイユ宮殿の国王のアパルトマン（国王の住まう部分の広間群の総称）と王妃のアパルトマン、あるいは鏡の間の天井画第一案と、太陽神アポロンを中心とする神話的世界を共有しているという点で重要である。

アポロンの間の天井画群

だが、アポロンの間の天井画自体は、ル・ブランによる計画案は存在するものの、王政時代には実現されなかった。今みられるような華やかな世界があらわれたのは一九

ルーヴル宮殿アポロンの間の中央絵画：中央では太陽の馬車に搭乗したアポロンが大蛇フィトン（ピュトン）に矢を射かけている。ドゥラクロワの隠れた傑作である。

ルーヴル宮殿アポロンの間の「春」：花の女神フロール（フローラ）とその恋人である西風の神ゼフィール（ゼピュロス）が描かれている。これら「四季」を描いた絵画の前面には、それぞれ、スタッコによる2柱のミューズ女神が寝そべっている。

ルーヴル宮殿アポロンの間の「夏」：太陽神の馬車が疾走するその下で、鎌をもった収穫の女神セレス（ケレス）が太陽神にまなざしを向けている。前面には2柱のミューズ、すなわち、喜劇の女神タリー（タレイア）と悲劇の女神メルポメーヌ（メルポメーネー）がいる。

ルーヴル宮殿アポロンの間の「秋」：ヒョウが牽く車に葡萄酒の神バッキュス（バッコス）とクレタ島のアリアドネ姫が同乗している。アテネの英雄テセウスに捨てられたアリアドネをバッキュスは妻に迎えたのである。

ルーヴル宮殿アポロンの間の「冬」：寒々しい冬の荒廃した光景が描かれている。

世紀の第二帝政時代であり、おもにドゥラクロワの筆の力による。

　中央にはアポロンによる大蛇フィトン（ピュトン）退治の主題が配置され、弓を構えたアポロンが太陽の馬車から下方のフィトンに向けて矢を射かけている場面が描かれている。これを中心にして、太陽が宰領

ヴェルサイユ宮殿庭園側ファサード：１階が基壇仕上げで、２階がイオニア式円柱とピラスターで装飾され、その上にアティックの３階がのっている。フランス・バロックの代表作だが、このファサード・デザインだけで判断するとルネサンス様式のようではある。

ルーヴル宮殿アポロンの間の1年の12の月と黄道十二宮：向かって左のメダイヨンに「７月」、その右にスタッコによる「獅子宮」の表現がみられる。

ルーヴル宮殿アポロンの間の月の女神ディアーヌ（ディアーナ）：牝鹿の牽く車に乗った月と狩りの女神ディアーヌが天からおりてくるところ。額に三日月形の髪飾りのようなものをいただいている。また、背景に大きな月が描かれている。

する四季の運行を表現すべく、春＝花の女神フロール（フローラ）、夏＝収穫の女神セレス（ケレス）、秋＝葡萄酒の神バッキュス（バッコス）、冬＝時の神サテュルヌ（サトゥルヌス）を中心に据えた絵画が一枚ずつ配されている。

その他、ギャラリーを取り巻くように黄《こう》道《どう》十二宮を象徴するレリーフと一年の一二の月をあらわすメダル風装飾（メダイヨン）がみられる。レリーフはスタッコ（漆喰）による本物の立体装飾だが、メダル風装飾はだまし絵（トロンプ・ルイユ）の技法によって描かれたものである。この技法はイタリア・バロックの天井画でさかんに用いられたもので、ル・ブランらによってフランスにも導入され、鏡の間をはじめとしたヴェルサイユ宮殿のここかしこにみられる。

太陽王ルイ一四世とアポロン神話

そもそも、ルイ一四世は一六五三年以来、宮廷バレで太陽神アポロンの役を演じつづけてきたし、一六六二年には自身の紋章として地球を下にした太陽の図柄と「衆に敵するにたれり（nec pluribus impar）」の銘句を採用していて、太陽神アポロンの姿をもって自らの権威を表現してきた。

ヴェルサイユ宮殿の国王のアパルトマンの七つの広間の天井画において、太陽神アポロンを中心とした七惑星を象徴する神々の世界が描かれたのも、鏡の間の第一案でアポロンによる無礼な者たちへの懲罰の主題が取り上げられたのも、また、庭園で昇る太陽と沈む太陽をそれぞれ意味するアポロンの戦車の泉水とテティスのグロット（洞窟装飾）、アポロン誕生神話にかかわる主題を取り上げたラトーヌの泉水が設けられたのも、この文脈に沿った動きだったのである。アポロンの間もまさにこのような事情を背景として計画された。

古典古代の超克と近代への胎動

だが、オランダ戦争（一六七二〜七九）に勝利した王は、鏡の間のアポロン神話案を自らが主役となって活躍するものに変えさせた。これは王自身の誇るべき偉業が蓄

積され、神話の神の姿を借りずとも自らの権勢を誇ることができるようになったあらわれでもあるが、自分たちの時代は栄光の古典古代を越えたのではないかという当時の人々の自信を反映したものでもあった。彼らのことを「現代派」といい、従来通り古典主義を奉じる「古代派」の人々と鋭く対立した。この論争を「新旧論争」という。

このように、ルイ一四世の時代には、それまで理想としてあがめられてきた古典古代の絶対的な価値が相対化され、古代の再読・再評価が行われるようになる。これを「新古典主義」といい、やがては進歩史観を奉ずる近代へとつながっていくのである。

ヴェルサイユ宮殿の鏡の間の天井画：ルイ14世自身の事績を高らかにうたいあげた絵画群が天井いっぱいに連なっている。

9 偉人たちの聖なる墓所 パンテオン

啓蒙の世紀と新古典主義

啓蒙の世紀の幕開け

一七一五年九月一日、ルイ一四世は七六歳で崩御《ほうぎょ》した。四歳で即位して以来七〇年余、また、一六六一年三月九日にマザラン枢機卿が薨去《こうきょ》して二二歳で親政を開始して以来、半世紀以上にわたってフランスを支配し、「偉大な世紀（Grand Siècle）」とも呼ばれる絶対王政の最盛期を現出させた大王の死であった。

この彼の跡を継いで、フランスおよびナヴァールの王ルイ一五世（一七一〇～七四）として即位したのは、ルイ一四世の曾孫に当たるアンジュー公ルイだった。ルイ一四世の王太子ルイ、嫡孫のブルゴーニュ公ルイ、さらにその長男ブルターニュ公ルイが、一七一一年から一七一二年にかけてあいついで薨去し、唯一フランスに残された直系男子のアンジュー公ルイに王位が転がり込んできたのである。

即位時五歳のルイ一五世には摂政が立てられた。ルイ一四世の弟オルレアン公フィリップの嫡子、オルレアン公フィリップ二世がその任に当たった。彼はヴェルサイユの宮廷を引き払い、宮廷をパリに戻した。一七二三年、摂政殿下が退くと再びヴェルサイユの宮廷が復活したが、パリの開明的な市民文化の影響はその後も続く。啓蒙の世紀の幕開けである。

新古典主義の登場

このような文化的風土のなか、誕生したのがフランスの新古典主義である。新古典主義、つまり、新しい古典主義とはどういうものだったのだろうか。

そもそも、古代ギリシア・ローマ、とりわけ古代ローマの文明を理想の文明、すなわち、「古典」とみなし、それを規範として、そしてはるかなる目標として創造活動に取り組む態度を「古典主義」という。建築の世界では古代の円柱の様式をオーダーという比例システムに昇華させたルネサンス以来、オーダー、あるいはオーダー周辺のデザイン要素を用いた建築を古典主義建築と呼んでいる。

しかし一七世紀後半あたりから、理想とされた古典古代の価値が絶対的なものから相対的なものとなってきた。とくにルイ一四世の「偉大な世紀」を迎えたフランスでは、自分たちの時代に対する自信が深まっていき、この傾向が新旧論争として顕著にあらわれた。

このような背景から、理想化された古典古代ではなく、古代の「真の姿」を追求する動きが各所で巻き起こり、あるいは考古学的見地から、あるいは建築の起源を求めていく思想的な見地から、古代の姿が見直されるようになってきたのである。このようなさまざまな動きのなか

Data

代表建築
パンテオン
Le Panthéon
（旧サント・ジュヌヴィエーヴ聖堂 Église Sainte Geneviève）

様式
新古典主義

住所
Place du Panthéon, 75005 Paris

最寄り駅
RER-B線
リュクサンブール
Luxembourg

からあらわれた新しい一連の建築のことを新古典主義建築という。

たとえば、考古学的見地からは、当時、オスマン・トルコ領だったギリシア本土にヨーロッパ人たちが乗り込み、古代ローマに比べあまりよく知られていなかった古代ギリシアの建築を再発見したことによって、古代ギリシア建築に範をとったグリーク・リヴァイヴァル建築が、新たな建築として立ちあらわれてきた。

ロージエ著『建築試論』第2版の扉絵：「原始の小屋」（プリミティヴ・ハットという）を指さしているのは「建築」の擬人像である。頭に灯がともっている子供は天使ではなく、「プットー」という。

士官学校ファサード：中央部分にのみ独立円柱を用いた端正なデザインである。

士官学校ファサード中央部のコリント式円柱：中央の方形ドームは100年以上前にルーヴル宮殿の時計のパヴィリヨンでも使われていた。この形式のドームはフランス建築の特徴のひとつとなっていく。

ロージエの『建築試論』とフランス新古典主義

一方フランスでは、古代ギリシア・ローマの建築に直接依拠するのではなく、建築の起源とは何かという問いのなかから原初の建築の姿を導き出し、そこから建築の本質とは何かという問いに答えを見いだそうという思想的な動きがさかんだった。イエズス会士マルカントワーヌ・ロージエの書いた『建築試論』（一七五三年初版、一七五五年再版）がその代表格である。

士官学校のエンタブレチュアに開いている窓：エンタブレチュアはもともと梁だったという由来を無視して、フリーズの部分に窓が開けられている。由来よりも機能性を優先した処置だと思われる。

コンコルド広場北側の建築物（西棟）のファサード：ルーヴル宮殿東側ファサード列柱廊の影響が色濃いファサード・デザインである。これと同じものが向かって右側にも建っている。

コンコルド広場北側の建築物（西棟）のコリント式円柱：ルーヴル宮殿東側ファサード列柱廊では双子柱だったが、ここでは単独柱でエンタブレチュアを支えている。

ジャック・ジェルマン・スフロ：近年、著名な建築家ジャン・ヌーヴェルが改装を手がけたリヨンのオペラ座を設計した建築家でもある。

そこでは、建築の起源を柱、梁、屋根の三元素にまで還元し、それ以外の壁体や装飾などの要素は建築の本質ではないとする思想が示された。とりわけ、再版された『建築試論』の冒頭に追加された扉絵に、その思想が強烈に示されている。

このような考え方は同時代の現実の建築設計にもあらわれている。一八世紀のフランスを代表する新古典主義建築家であるアンジュ・ジャック・ガブリエル（一六九八～一七八二）の作品もその系譜に属し、士官学校（一七五一～六八）、ルイ一五世（コンコルド）広場（一七五七～）、小トリアノン離宮（一七六一～六八）、ヴェルサイユ宮廷歌劇場（～一七七〇）などが代表作である。これらの作品では、構造的には従来の壁体構造によりながら、ファサード中央部などデザイン上重要な

ポンパドゥール侯爵夫人：才色兼備をうたわれたルイ15世の愛妾。

ところに独立円柱が積極的に用いられている。

だが、ガブリエルの作品以上に、独立円柱、あるいは構造材としての円柱を重視したこの新たなデザイン傾向を体現しているのは、ジャック・ジェルマン・スフロ（一七一三〜八〇）のサント・ジュヌヴィエーヴ聖堂（現パンテオン）である。

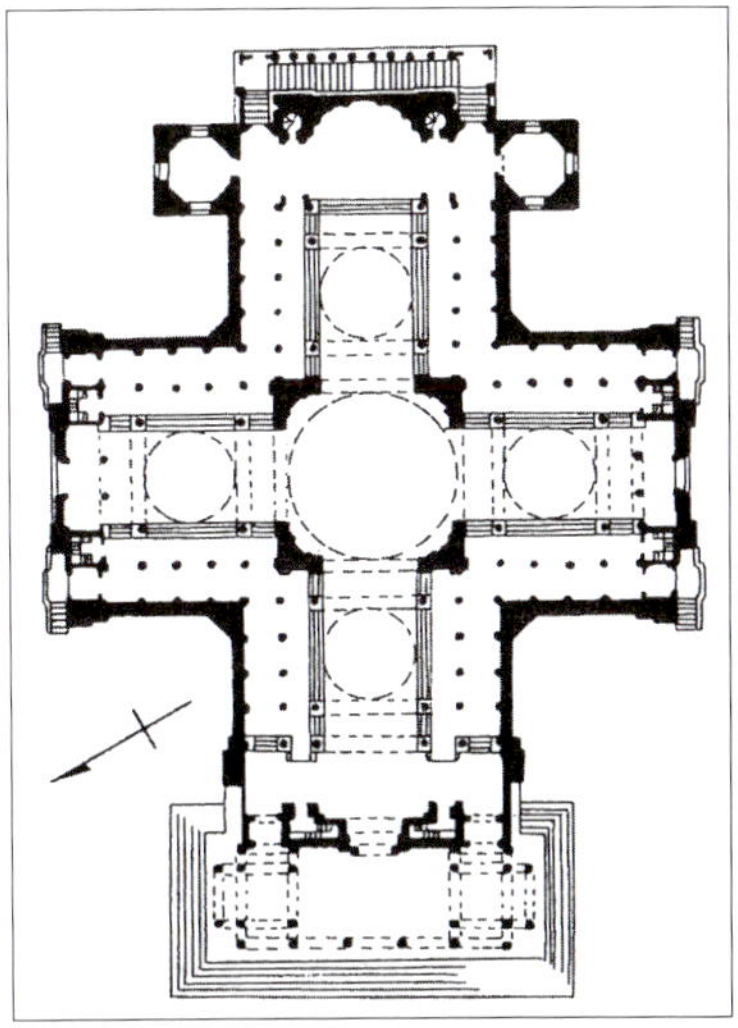

現パンテオン平面図：三重殻クーポラを中心とするギリシア十字平面に、古代ローマ神殿のようなペディメント（三角破風）をいただいた柱廊その他を前後に加えた構成となっている。ヴォールトを支える列柱が平面図上でも印象的である。

サント・ジュヌヴィエーヴ聖堂

一七四四年、オーストリア継承戦争のさなかに、ロレーヌ地方のメスに親征していたルイ一五世が重病にかかった。王はパリの守護聖人であるサント・ジュヌヴィエーヴに祈りを捧げ、平癒の暁には聖女に新しい聖堂を捧げることを誓った。パリのサント・ジュヌヴィエーヴ聖堂はその約束を果たしたものなのである。国王付建設局を統括するマリニー侯爵（ポンパドゥール侯爵夫人の弟）はスフロに白羽の矢を立てた。第一案は一七五五年に作成され、最終案は一七七七年にようやく固まったが、その当初のコンセプトは変わることがなかった。そのコンセプトこそ、円柱を構造柱として用いることである。その考え方

現パンテオンの正面ファサード：正面ファサードは六柱式の古代ローマ神殿のようなものとなっている。この部分についてもコリント式円柱がエンタブレチュアを支える構造柱としての役目を果たしている。

現パンテオン内部の列柱：コリント式円柱のこの厳かな列柱がヴォールトを支えている。当初は外壁に窓が開けられていて、もっと明るかった。

現パンテオンのクーポラ列柱：クーポラ部分はブラマンテのテンピエットを彷彿とさせるデザインである。

現パンテオンのクーポラ内部：下からみるとクーポラをコリント式の列柱だけが支えているようにみえる。このクーポラから有名なフーコーの振り子がつり下げられている。

に沿って、身廊と側廊を隔てるコリント式円柱が身廊のヴォールトを支えている。ただ、クーポラはさすがに単独の独立円柱だけで支えるわけにはいかなかった。

ピアによって支えられたクーポラは、廃兵院のドーム聖堂のクーポラのような三重殻クーポラであり、外からみたときのクーポラの高さと内側からみたときのクーポラの高さがそれぞれ異なっている。外からみると窓が縦に二列並んでいるのに、内側からみると下の一列しかみえていないのはそのためである。この下の一列の部分をコリント式の列柱が取り囲んでいて、古代ローマの円形神殿のような趣である。

議論をよんだのはこのクーポラの構造だった。その他の部分についても、柱と梁からなる軸組構造は石造建築には向かず、さまざまな議論があった。結局、石材内部に鉄筋を入れて補強することになった。

このように紆余曲折があって、さまざまな案が検討されるなか、同時に工事も少しずつ進められていた。王自身の手で起工式が挙行されたのは一七六四年九月六日のことだったが、一七五七年から基礎工事は行われていたようである。一七六三年に地下のクリプト、一七七〇年から一七七三年のあいだに身廊の列柱と正面の列柱、一七七七年から一七八〇年にかけて身廊のヴォールトが建設された。

しかし、その構造の難しさから工事は遅々として進まず、スフロ没後の一七八五年から一七八七年までクーポラを支える円筒形の部分（ドラムという）、一七八九年から一七九〇年までクーポラ本体が建設され、ようやく完成したのである。

パリのパンテオン

現在、「パンテオン」と呼ばれている建物は、建築史上の傑作と認められているもののなかでは二棟ある。ひとつは、紀元一二〇年頃にローマ帝国の五賢帝の一人ハドリアヌス帝が建てさせた、ローマのパンテオンである。直径四三メートルほどの半球形クーポラをいただいたこの神殿は、産業革命を迎えるまでヨーロッパ最大のドーム建築だった。「パン」とはギリシア語で「すべての」、「テオン」とは「神々」という意味である。

そして、もうひとつがここに紹介するパリのパンテオンである。が、はじめからこの名前だったわけではなく、当初はサント・ジュヌヴィエーヴ聖堂となる予定だった。さきほど解説したサント・ジュヌヴィエーヴ聖堂のことである。

一七八九年に勃発したフランス革命においては、カトリック教会が目の敵にされ、各地で聖堂破壊が起きた。本棟も破壊こそ免れたが、ヴィレット侯爵のアイデアにより、祖国フランスの英雄の遺体を安置し、その栄誉をたたえる「フランスのパンテオン」、「祖国の神殿」となったのである。

この用途変更にともない、アントワーヌ・クリゾストム・キャトルメール＝ドゥ＝カンシーが改装工事を手がけた。最大のものは外壁の窓を埋めたことである。この操作により、光あふれる教会堂が、偉人たちの墓所にふさわしい厳かな闇で覆われることになった。

また、一七九六年にはクーポラを支えるピアに亀裂が発見され、一七七〇年代の論争が再燃した。一七九八年に解決案が策定され、一八〇六年から一八一二年にかけて手当が行われた。

ローマのパンテオン外観：正面からみると通常の八柱式神殿のようにみえるが、本体部分は直径43メートルほどの半球形クーポラをいただいた巨大な円形神殿となっている。

ローマのパンテオンのクーポラ：晴れた日には半球形クーポラのてっぺんの開口部から光が差し込んでダイナミックな内部空間を演出する。

ジャン・ジャック・ルソーの墓（パリのパンテオンの地下）：未開世界の自然なる高貴さを称揚したルソーにふさわしく、『建築試論』で描写された「原始の小屋」を形にしたようなデザインである。

column 9

ロココ様式

バロック最後の炎

サント・ジュヌヴィエーヴ聖堂の最初の案が提出された一七五〇年代、室内装飾の世界ではバロックの余光がいまだ輝いていた。バロック最後の炎ともいえるロココ様式が流行していたのである。

その特徴は、広間を飾る木製のパネルにみられる貝殻を思わせるような木彫装飾にある。これをロカイユといい、ロカイユを用いた内装様式のことをロココ様式というのである。ロカイユ（rocaille）はフランス語で岩を意味するロック（roc）の派生語で、貝殻を塗りこめた砂利のようなもののことであり、もともとは庭園の洞窟風装飾＝グロット（grotte）に用いられていた。

室内装飾や調度品に

バロックがあらゆる芸術分野を支配した時代を画する一大思考様式であるのに対し、ロココの用法はほぼ室内装飾や調度品に限定される。すなわち、

スービーズ邸館ファサード：１階がコリント式、２階がコンポジット式の双子柱で装飾されている。２階外壁面には四季をあらわす４体の彫像（フロール、セレス、バッキュス、サテュルヌ）が配置されている。

両者は異なったレヴェルの様式概念である。このとらえ方にのっとるならば、ロココとは一八世紀フランス室内装飾における後期バロックのあらわれであるということができる。

大理石などに比べると材料費が比較的安価なこともあって、ロココ様式は貴族や富裕な町人の住宅の室内様式として一世を風靡した。アルドゥアン＝マンサールの弟子ロベール・ドゥ・コット（一六五六～一七三五）や、ジェルマン・ボフラン（一六六七～一七五四）が代表的な建築家である。パリ市内の代表例はボフランが内装を手がけたスービーズ邸館（一七三七～三九）であり、とりわけ、青年となった愛神キュピドン（クピド）と美少女プシシェ（プシュケ）の恋物語の各場面を描いた天井画で有名な二階の楕円形広間がすばらしい。

ロココ様式はフランス以外にも猛烈な勢いで伝播し、とりわけドイツ語圏諸国ではフランス以上に派手なロココが花開いた。なかには、東洋から取り寄せた漆塗りの板や螺鈿細工、磁器のようなきわめて高価で貴重な材料を用いる例も出現した。

ニンフェンブルク宮殿付属庭園内のアマーリエンブルク離宮内装：ニンフの城館という意味のニンフェンブルク宮殿はミュンヒェン近郊に営まれたバイエルン選帝侯の宮殿である。ミュンヒェンのヴェルサイユとでもいえようか。アマーリエンブルク離宮はその庭園内に建てられた少し大きめの四阿のような建築である。

10 ラ・ヴィレットの関門

革命前夜の建築

幻視の建築

一八世紀のフランスには、実際に建設するのは不可能だが、建築家の理想を追い求めた計画案を世に問うという方向性もみられた。このような図面の上だけで成立するような理想の建築を「幻視の建築」という。「幻視の建築家」を代表する建築家はエティエンヌ・ルイ・ブレ（一七二八〜九九）である。代表作はニュートン記念堂計画案（一七八四）であり、直径一三〇メートルにもなる巨大な球体で宇宙を表現したものである。

宮廷建築家としてのルドゥー

クロード・ニコラ・ルドゥー（一七三六〜一八〇六）も「幻視の建築家」として知られている。が、ブレがあまり実作に恵まれなかったのに対して、フランス革命以前のルドゥーは王室の建築家として充実した仕事の日々を送っていた。これはルイ一五世の愛妾ル・バリー（デュ・バリー）伯爵夫人のお気に入りの建築家だったことにもよる。

そういうわけで、フランス東部フランシュ＝コンテ地方に王立製塩工場を設立する事業の建築家に指名された。これがアルケ・スナン王立製塩所（一七七三〜七九）である。アルク村とスナン村のあいだに建設されたのでこの名がある。

アルケ・スナン王立製塩所の入口：使用されているドリス式円柱は、古代ローマのものより太く、柱礎がないという点で古代ギリシア風である。このグリーク・リヴァイヴァル建築の装いの奥には、マニエリスムの庭園によくみられたグロッタ（洞窟）装飾が口を開けており、そこを通って製塩所の敷地に入る。

ル・バリー（デュ・バリー）伯爵夫人：娼婦上がりと噂されたルイ15世の愛妾。

Data

代表建築
ラ・ヴィレットの関門
Rotonde de la Villette

様 式
マニエリスム様式と新古典主義の折衷

住 所
Place de la Bataille de Stalingrad, 75019 Paris

最寄り駅
地下鉄2、5、7号線
スターリングラード
Stalingrad
地下鉄2、5号線
ジョレス
Jaurès

アルケ・スナン王立製塩所の監督官の館：こちらは正門の建築とは打って変わってマニエリスム様式が優勢である。とりわけ、正面の６本のドリス式オーダーの、円筒形の部分と直方体の部分が交互に積み重なったデザインは、フィレンツェのパラッツォ・ピッティの中庭（バルトロメオ・アンマナーティ作）にみられるように、マニエリスム建築でよく使われた手法である。

ラ・ヴィレットの関門

パリでも大きな仕事を任されている。政府がパリに入ってくる物品から税金を徴収するために「関税障壁」を企画した際、そこに設けられる関税徴収門の設計をルドゥーに依頼したのである。関税障壁とは、文字どおりの「壁」であり、そこに六〇か所ほどの関税徴収門を設けて網羅的に課税しようというものだった。もっとも、この関税障壁は単なる「壁」であるともいえ、パリを防禦するという軍事的な意味があるものではなかった。引き続き、パリは軍事的な脅威に対しては無防備なままだったし、それでよかったともいえる。

ルドゥーが設計を請け負ったこれら多数の関門のうち、現存するものはラ・ヴィレットの関門（一七八四～八九）など四か所だけである。この関税障壁によってパリの物価が上がり、市民の恨みの対象となったからである。

建築としてみると、ラ・ヴィレットの関門にはルドゥーの建築の特徴がよくあらわれていて、彼の代表作といってよいだろう。そのデザイン的特徴とは次の二つである。

①一六世紀のイタリアの建築家パラーディオの影響によるマニエリスム様式への回帰

②当時最新のデザイン傾向であるグリーク・リヴァイヴァルへの傾倒

正方形や円筒形といった単純な幾何学形態の使用こそが最大のデザイン的特徴であって、ゆえにこそ、彼は二〇世紀前半の近代建築の起源のひとつなのだとする考え方もある。だが、単純な幾何学形態の使用はルネサンス建築や新古典主義建築にもみられる特徴であり、近代建築と結びつける考え方はあまり実証的な話ではない。したがって、ルドゥーのデザインの特徴は右の二点に収斂されるのである。

じつはどちらの特徴も、当時のフランスにあっては珍しい傾向だった。アンドレア・パラーディオはヴェネツィアを中心とするヴェネト地方で活躍したマニエリスム様式のローカルな建築家で、死後、イギリスやオランダなど北方諸国の建築に大きな影響を与えたが、フランスではその影響は限定的だった。

だが、ルドゥーの建築には、パラーディオの建築やマニエリスム様式の直接の引用であることが明らかな形態やディテールがみられる。一階が四面対称の正方形平面で、その上に円筒形の二階がのっているというラ・ヴィレットの関門の全体の形態や平面形態も、パラーディオのヴィッラ・カプラ、通称ヴィッラ・ロトンダ（一五六五〜六九）から直接のインスピレーションを受けたものである。

　一方、新古典主義の一派であるグリーク・リヴァイヴァル建築とは、一八世紀に進展した発掘調査や実測調査によって、それまでは真の姿が知られていなかった古代ギリシア建築から直接のインスピレーションを受けて創造された建築のことで、イギリスやドイツなどでさかんにつくられたが、これまたフランスで追随する動きはあまり強くなかった。

ルドゥーのラ・ヴィレットの関門：中央に円筒形の要素が据えられていることと、１階ファサード各面中央にドリス式角柱８本からなる神殿ファサードが突き出ていることの二点において、明らかにヴィッラ・カプラにインスピレーションを得ていることがわかる。だが、グリーク・リヴァイヴァル建築のディテールの使用により、厳かな雰囲気が醸しだされている。

パラーディオのヴィッラ・カプラ全景：正方形平面の中心に円筒形の吹き抜けの広間を配した求心性の高いプランで、ファサード各面中央にイオニア式の六柱式神殿のファサードが突き出ている。

　それでも、ルドゥーは意識的にこの新しい動きを自作に取り入れていった。ラ・ヴィレットの関門でも、使用されたドリス式オーダーの比例が、古代ローマのそれを引き継いだルネサンス以来の比例よりも太いものとなっているし、ルネサンス以来のドリス式オーダーに柱礎があるのに対して、ここでは古代ギリシアのドリス式と同様に柱礎がない。また、一階各面中央のペディメント（三角破風）の勾配もゆるくなっていて、古代ギリシア風である。

　このように、ルドゥーの建築では、彼の時代の二〇〇年も前の古いマニエリスム様式と当時最新のグリーク・リヴァイヴァル建築という相異なる二つの様式が巧みに融合されている。そして、これら二つの様式は当時のフランスではほとんど用いられておらず、それだけでも独創的なのだが、さらにそれらを融合して新しい建築を創造したのであり、まさにこの点において彼の建築は建築史上にその独創性を誇るものとなっているのである。

フランス革命後のルドゥー

先王ルイ一五世の愛妾ル・バリー伯爵夫人の後押しを得て、宮廷建築家として充実したキャリアーを歩んでいたルドゥーだが、フランス革命の勃発で彼の人生は完全に暗転してしまう。ル・バリー伯爵夫人が処刑されるにおよび、彼の命も風前の灯火《ともしび》だったが、すんでのところで処刑が回避され、釈放されることになった。

とはいっても、宮廷建築家としての輝かしいキャリアーに復帰することはもはや不可能だった。そこで彼は、書物や図面の上で自らの理想の建築を追求することになる。「幻視の建築家」ルドゥーの誕生である。

なかでも有名なのはショーの理想都市である。これは彼が手がけた実作であるアルケ・スナン製塩所を核として、そのまわりに各種施設や住宅を配置してつくりあげた理想都市である。ショーとはアルケ・スナン製塩所の裏手にある森の名である。ここで彼は純粋幾何学形態への傾倒をさらに強めていくのである。

ルドゥーのラ・ヴィレットの関門2階のドリス式円柱：エンタブレチュアを省略した荒々しいディテールである。エンタブレチュアの代わりにアーチが双子柱の頭をつないでいて、パラーディオ建築にみられるパラディアン・モチーフのようでもある。

ルドゥーのラ・ヴィレットの関門1階のドリス式オーダー：三角破風(ペディメント)の勾配が浅い。これは古代ローマ風というよりは古代ギリシア風であり、グリーク・リヴァイヴァル建築の特徴となっている。

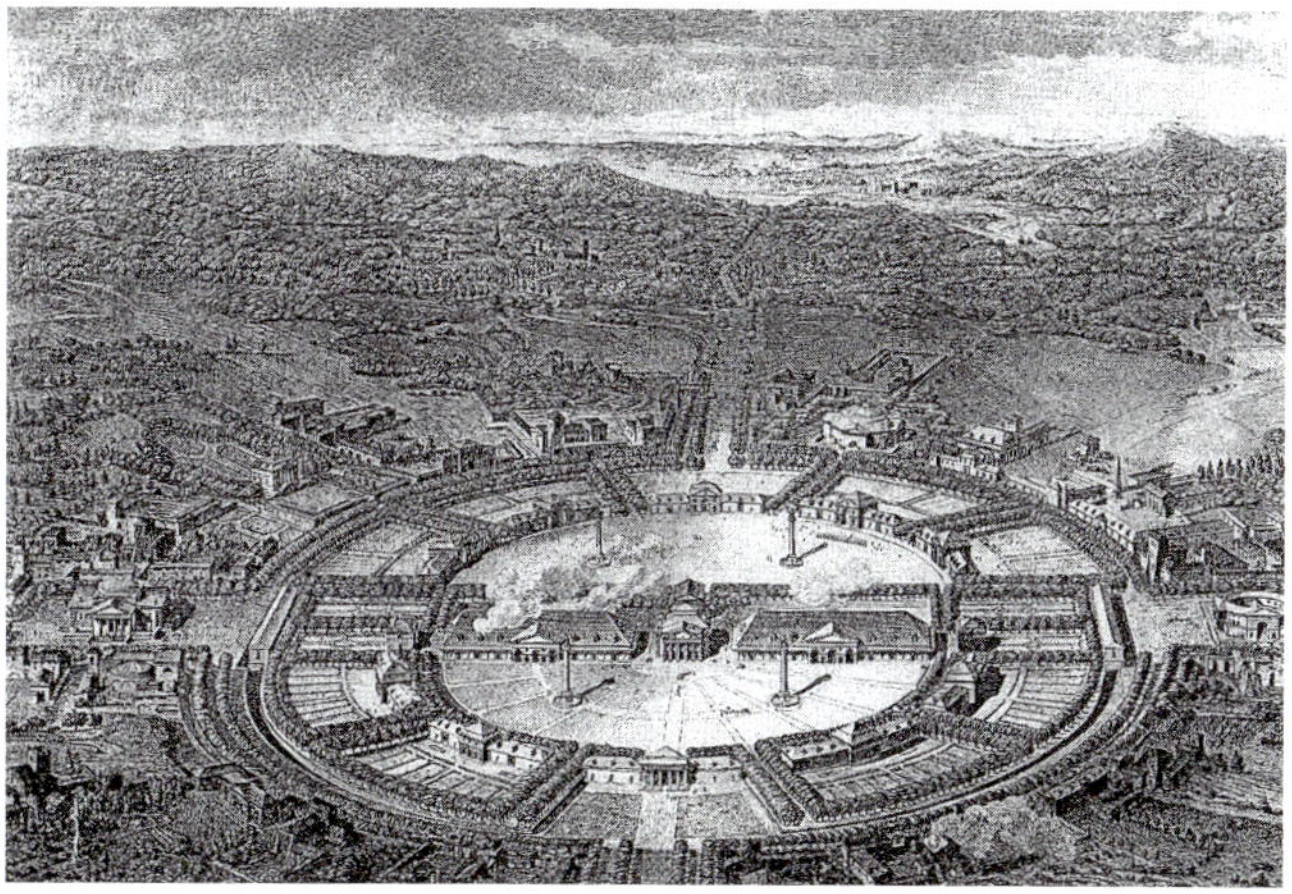

ショーの理想都市：実作に空想の建築を追加したという点で、他の「幻視の建築」とは一線を画している。

ナポレオン一世とエトワール凱旋門

カルーゼル凱旋門：ローマのセプティミウス・セウェルス帝記念門やコンスタンティヌス帝記念門と同じデザイン、すなわち、凱旋門モチーフによるデザインである。じつは古代ローマ最大の記念門であるコンスタンティヌス帝記念門よりも大きい。デタッチド・コラムには薔薇色大理石が用いられていて、アティックの上にはヴェネツィアのサン・マルコ聖堂から奪ってきた4頭の馬の彫像がのせられたが、返還されたあとはレプリカになっている。

フランス革命後の帝国幻想

一七八九年にフランス革命が勃発し、一七九二年九月にはついに王政が廃止される。アンシアン・レジームの終焉である。この後、フランスは第一共和政となり、混乱の時代を迎えるが、この混乱を収拾したのがコルシカ島出身の軍人ナポレオン・ボナパルト（一七六九〜一八二一）であり、一八〇四年、「フランス人たちの皇帝」に即位する。

ラ・マドレーヌ聖堂：コリント式の巨大な円柱が周囲を取り巻いている周翼式神殿。古代ローマ時代にも建設されなかったような壮大な建築である。パリ証券取引所も同様のコンセプトによる新古典主義建築だが、古代ローマ建築そのもののデザインではない。

ナポレオン1世（在位1804～14、1815）の戴冠式：ジャック・ルイ・ダヴィッドの有名な戴冠式の絵は、自らの手で冠をかぶったあとに、それを皇妃にかぶせようとする瞬間を描いたものである。失脚し、流刑先で亡くなった後も人気は根強く、その亡骸は、ルイ14世の軍事的栄光を支えた名将テュレンヌ、ヴォーバン両元帥も眠る廃兵院サン・ルイ礼拝堂に、息子のローマ王ナポレオン2世とともに安置されている。

これが第一帝政の始まりである。「王」ではなく「皇帝」を名乗ったのは、アンシアン・レジームを思い起こさせるタイトルを嫌ったこともあるが、古代ローマ帝国の栄光を追い求めたのだろう。古代ローマは「王」の存在を否定した文明でもあった。

もともと、革命後のフランスは、キリスト教文明以前の古代ローマ文明への傾斜を深めていた。サント・ジュヌヴィエーヴ聖堂をパンテオンと名づけて、祖国に貢献した人物たちをたたえる場としたのもこの文脈上のことである。帝政前の国家元首をコンシュルといったが、これも古代ローマの執政官コンスルにつらなる名称である。装飾芸術の分野でも、円形闘技場の上に架かるテント（ウェールムという）にインスピレーションを得た装飾など、古代ローマを直接思い起こさせるような装飾がよく用いられた。

まさにその総仕上げとなったのがナポレオンの戴冠《たいかん》だった。もともと「皇帝」の称号は古代ローマ帝国皇帝にちなむものだが、中世の復興西ローマ帝国皇帝や神聖ローマ帝国皇帝はローマ教皇から冠を授けられる存在であり、キリスト教文明の枠内の存在だった。ナポレオンは、帝位を授けられるものではなく、自らつかみ取るものとし、教皇から冠を奪い取るようにして自らの手で自らの頭に冠をかぶせた。ダヴィッドの有名な戴冠式の絵は、自らの手で冠をかぶったあとに、それを皇妃にかぶせようとする瞬間を描いたものである。

ペルシエとフォンテーヌの建築

したがって、ナポレオン一世治世下の建築は古代ローマの建築を強烈に意識したものとなった。といっても、ここでいう「古代ローマ」とは、古典主義の時代にあがめられた「古典古代」とは違うものであり、新たな考古学的知見をもとに再読された古代ローマである。その意味では、このような帝国の夢を追った建築も新古典主義のひとつのあらわれだといえる。

ナポレオン一世の建築事業を支えたのは、シャルル・ペルシエ（一七六四～一八三八）とピエール・フランソワ・レオナール・フォンテーヌ（一七六二～一八五三）である。宮殿としては使われていなかったルーヴルを、美術館として再生しようとしたときも彼らが重用された。

このルーヴル拡張計画の完成は皇帝の治世下にはかなわなかったが、ルーヴルとテュイルリーのあいだに建てられたカルーゼル凱旋門（一八〇六～〇七）は、ピンク色の色大理石など、使われた材料のすばらしさもさることながら、古代ローマの代表的な記念門であるコンスタンティヌス帝記念門のデザイン、ディテール、比例の考古学的正確さによる再現により、ナポレオン時代の建築の代表作だといえよう。

エトワール凱旋門(シャンゼリゼ大通り側ファサード)：全体のシルエットは古代ローマのティトゥス帝記念門から着想されたというが、オーダーを用いずにヴォリュームだけで勝負する簡潔かつ崇高なデザインである。新古典主義が好んだ「高貴なる単純」を体現した建築といえよう。アーチ両脇にはフランソワ・リュード作「ラ・マルセイエーズ」群像とジャン・ピエール・コルトー作「ナポレオンの凱旋」群像が配されている。

ナポレオン一世はもっと壮大な計画をあたためていた。ピエール・アレクサンドル・ヴィニョン（一七六三～一八二八）設計によるラ・マドレーヌ聖堂（一八四二年竣工）の建設はそのひとつである。内部はドームを連ねた独特のデザインだが、外見については古代ローマの神殿建築をリヴァイヴァルしたものである。しかも、規模の面では古代の前例を上回っており、古代ローマの栄光をも乗り越えようという強烈な意志を感じさせる。

だが、この方向性をもっとも突きつめた建築作品はエトワール凱旋門（一八三六年竣工）だろう。これがいわゆるパリの「凱旋門」である。カルーゼル凱旋門も古代ローマの凱旋門を上回る大きさだったが、寸法を比較してみたらそれがわかるという程度の大きさだった。この点で、高さ五〇メートルにもおよぶエトワール凱旋門の大きさは圧倒的である。

最初はフランス革命の象徴であるバスティーユ城塞跡に建設予定だったが、もっとふさわしい敷地を求めるなかで、皇帝は一八〇六年五月九日に現在のエトワール広場に建設することを決定した。そして、五月一一日、エトワール凱旋門の設計担当としてジャン・フランソワ・テレーズ・シャルグラン（一七三九〜一八一一）とジャン・アルノー・レイモン（一七四二〜一八一一）が選ばれた。キャトルメール＝ドゥ＝カンシーやペルシエ、フォンテーヌといった当時の大家たちもこの企画に携わった。かくして、同年八月一五日に着工された。

当初のデザインは、古代ローマのティトゥス帝記念門のように大きな主アーチのみという構成である。これは、主アーチを真ん中にして、それより小さなアーチを傍らに設けるという伝統の「凱旋門モチーフ」から脱却したものだった。

また、当初はティトゥス帝記念門のように、コリント式オーダーの巨大な円柱を施したものだったが、一八〇八年にはオーダーをまったく用いずに石材のヴォリュームだけでデザインするという手法が採用され、古代ローマにも勝る崇高なる建築を現出させるのに成功している。一八一〇年には、ナポレオン一世とオーストリア帝国から迎えたマリー・ルイーズとの婚礼の際に、このデザインで木と布を用いて実物大モデルが建設され、皇帝を喜ばせた。

結局、ナポレオン一世はロシア遠征の失敗を契機として一八一四年に失脚し、エトワール凱旋門の工事は停止された。その後、一時勢力を盛り返すものの、一八一五年、ブリュッセル南方のワーテルローの戦いに敗れて完全に政治的生命を絶たれた。さらに一八二一年、ラ・マドレーヌ聖堂やエトワール凱旋門の完成をみることなく、流刑先のセント・ヘレナ島で没した。

エトワール凱旋門の工事は一八二三年一〇月九日、ルイ一八世の命により再開され、紆余曲折を経て一八三六年七月二九日に完成を祝うこととなった。そして、一八四〇年一二月一五日、ナポレオン一世の亡骸がこの門に「凱旋」することになる。四〇万人の群衆が詰めかけたという。

エトワール凱旋門（アルメ大通り側ファサード）：向かって左側には、アントワーヌ・エテックス作の「平和」群像がみられる。1815年、ナポレオンの百日天下が終結した後の平和の到来をあらわしたもので、剣を鞘に収める兵士が中央に立ち、その上方には知恵と戦の女神ミネルヴ（アテナ、ミネルウァ）がいる。兵士の傍らには幼子を抱きしめる母親の像がある。これに対応するものとして、アーチの向かって右側にはナポレオン敗退後に侵入してきた各国軍に対する民衆の抵抗をあらわす「抵抗」群像（エテックス作）が配されている。

エトワール凱旋門のエンタブレチュア：シャンゼリゼ大通り側のフリーズには、シルヴェストル・ブランによる革命期と帝政期の主要人物の群像が彫られている。

11

ノートル・ダム大聖堂の修復

ゴシック建築の復活

ゴシック・リヴァイヴァル

一七世紀末から一八世紀にかけて、それまで理想の古典古代として絶対の信仰の対象だった古代ギリシア・ローマ文明の価値が相対化されるなか、その読み直しが思想的な、あるいは考古学的な見地から行われた。

この動きを新古典主義というが、そもそも、古典古代の価値が相対化されたのならば、それ以外の時代に理想を見いだしてもよいのではないかという思想が芽生えてくる。また、異教の古典古代に対してキリスト教のヨーロッパの方が優越しているのではないかという議論も、当然のことながらなされるようになった。

ゴシック・リヴァイヴァルの動きはこのような傾向のなかから生まれた。古典主義の時代には「ゴート人（北方の野蛮人）の建築」としてさげすまれてきたゴシック建築だが、一七世紀末以来、その構造合理性については一部の建築家に注目されてきたし、何よりも、敬虔なるキリスト教信仰の栄光が輝いたと考えられていた中世を体現する建築として、再評価されてきたのである。

とくにイギリスに渡ったフランス亡命貴族の息子という出自をもち、一八三四年にカトリックに改宗した建築家オーガスタス・ウィルビー・ノースモア・ピュージン（一八一二〜五二）は、自著『対照または比較』（一八三六）で激烈にこの思想を表明している。とくに古典主義建築における構造とデザインの分離が偽りの手法として非難を浴びている。

一九世紀はまた、「国民国家」が誕生した時代でもある。それにともない、ドイツ語圏諸国やイタリア半島諸国で統一への気運が盛り上がっており、それ以外の国々でもナショナリズムの高まりがみられた。古典主義様式が異教の古典古代に由来するのに対し、ゴシック様式はキリスト教の西ヨーロッパ世界から誕生したものであることから、ゴシック・リヴァイヴァルはナショナリズムの気運を体

ピュージンの国会議事堂：ビッグベンと呼ばれるこの鐘楼は国会議事堂のみならず、ロンドンのシンボルともなっている。議事堂本体のプランはチャールズ・バリー卿の設計で、２本の鐘楼を除いて左右対称形の古典主義的なもの。ピュージンが手がけたのはファサード・デザインのみで、「パーペンディキュラー（垂直式）」と呼ばれるイングランドのゴシック様式がリヴァイヴァルされている。

Data

代表建築
サント・クロティルド聖堂
Basilique Sainte Clotilde

様　式
ネオ・ゴシック様式

住　所
23 bis, rue Las Cases,
75007 Paris

最寄り駅
地下鉄12号線
ソルフェリーノ
Solférino

現するものでもあった。

それゆえ、ドイツ語圏諸国やイタリア半島諸国を中心に、中世以来建設が進められてきたものの未完成に終わっていた聖堂群の工事を再開し、完成にこぎ着けようという動きがさかんになっている。ケルン大司教座聖堂やウルム大聖堂の鐘楼、ミラノ大司教座聖堂の外壁やフィレンツェ大司教座聖堂のファサードなどは、じつはこの時代に完成しているのである。また、ヨーロッパ各地でゴシック聖堂の修復工事がさかんになった。

このように、ゴシック・リヴァイヴァルの動きは次の三つの側面から進行したといえる。

①ゴシック様式による新築＝ネオ・ゴシック様式による建設
②未完成だったゴシック聖堂の建設再開
③既存のゴシック聖堂の修復事業

パリのノートル・ダム大司教座聖堂の再整備

このような動きはフランスでも巻き起こっていた。その中心人物はウジェーヌ・エマニュエル・ヴィオレ＝ル＝デュク（一八一四〜七九）である。建築家としてよりも修復建築家、建築理論家として知られており、『フランス中世建築事典』（一八五四）や『建築講話』（一八六三〜七二）などの著作がある。ピエルフォン城館や築城都市カルカソンヌの城壁・建造物の修復を手がけたのも彼である。

パリにおいてはノートル・ダム大司教座聖堂の修復（一八四一〜六四）に取り組んでいる。フランス革命のさなか、彫像群を中心にアンシアン・レジームにつながるものは手ひどい破壊を受けていたが、それらを今のような姿でみられるようにしたのは彼の功績である。

だが、その修復は、かつてあった状態に復元するという側面よりも、彼が理想としたゴシックのイメージに近づけるという側面が強かった。それゆえ、近世に施されたさまざまな改造は廃されることとなった。また、身廊と交差廊の交わる聖堂の中心部に屹立する尖塔はヴィオレ＝ル＝デュクの「設計」にもとづいている。

ウルム大聖堂の鐘楼：ウルム大聖堂は1377年以来建設が進んできたが、建設が中断された後、1817年に工事が再開された。完成したのは1890年であり、高さ161メートルのゴシック聖堂でもっとも高いといわれる鐘楼が姿をあらわしたのはこのときである。

フィレンツェ大司教座聖堂のファサード：色大理石をふんだんに用いたイタリアのゴシック様式で新たに設計されたファサード。隣に立つジョットーの鐘楼と、まるで同時代につくられたかのように調和している。

パリのノートル・ダム大聖堂の背面：放射状祭室の上に架構されたフライング・バットレスは、ゴシック聖堂のなかでもとりわけ華麗である。

サント・クロティルド聖堂の建立

ゴシック・リヴァイヴァルの一環としてネオ・ゴシック様式による設計も試みられた。パリ市内では、フランソワ・クリスティアン・ゴー（一七九〇～一八五三）とテオドール・バリュによるサント・クロティルド聖堂（一八四六～五七）が規模も比較的大きく質も高い。ここには当時の人々が考えるゴシックの理想が凝縮されている。

正面ファサードの構成は、イル＝ドゥ＝フランス各地の大聖堂でよくみられる双塔形式だが、それぞれの塔が尖塔となっている。これは中世のゴシック聖堂では存外みられない形である。

また、中世のゴシック聖堂では、建設時期の違いにより、ファサードが微妙に左右対称になっていなかったり、堂内の柱の形状がかなり異なっていたり、様式的に均一でない場合が多いのに対して、ネオ・ゴシック様式では様式的統一感が際だっている。これは、新築で一気に建造しているからというだけでなく、当時の理想的なゴシックのイメージがそうだったからだろう。

サント・クロティルド聖堂の正面ファサード：ポルタイユの奥が半外部空間の柱廊となっていて、さらにそこにポルタイユが設けられる形式は、中世のゴシックにはあまりみられないかもしれない。なお、サント・クロティルドはメロヴィング朝のクローヴィス王の后であり、王をカトリックに改宗させたといわれている。

中世のゴシック建築では建設期間が長期にわたるのでデザインに多様性がみられ、そのおもしろさのひとつとなっているが、ネオ・ゴシックでは様式的統一性が別の魅力を発信している。

パリのノートル・ダム大聖堂の中央の尖塔：ヴィオレ＝ル＝デュクにとって、身廊と交差廊が交わる聖堂の中心にそびえる尖塔は理想のゴシック聖堂になくてはならないものだった。

シント・ペトルス・エン・パウルスケルクのファサード(ベルギー・オーステンデ)：双塔が尖塔になっていることや、身廊の屋根の切妻がファサードにあらわれていることなど、サント・クロティルド聖堂とも共通点がある。三つのポルタイユには後期ゴシック様式（フランボワイヤン様式）の特徴である、先が反り返ったポインテッド・アーチがみられる。

さらに、ネオ・ゴシック聖堂においては必ずといってよいほど、正面ファサードに薔薇窓がみられる。これはイル＝ドゥ＝フランス地方では中世のゴシックの特徴でもあるのだが、それ以外の地方の

ヴォティーフキルヒェ（奉献聖堂）（ヴィーン）：繊細な籠細工を思わせる華奢なシルエットである。オーストリア皇帝フランツ・ヨーゼフ１世の病気が平癒したことを感謝して建立されたので「奉献聖堂」と名づけられた。

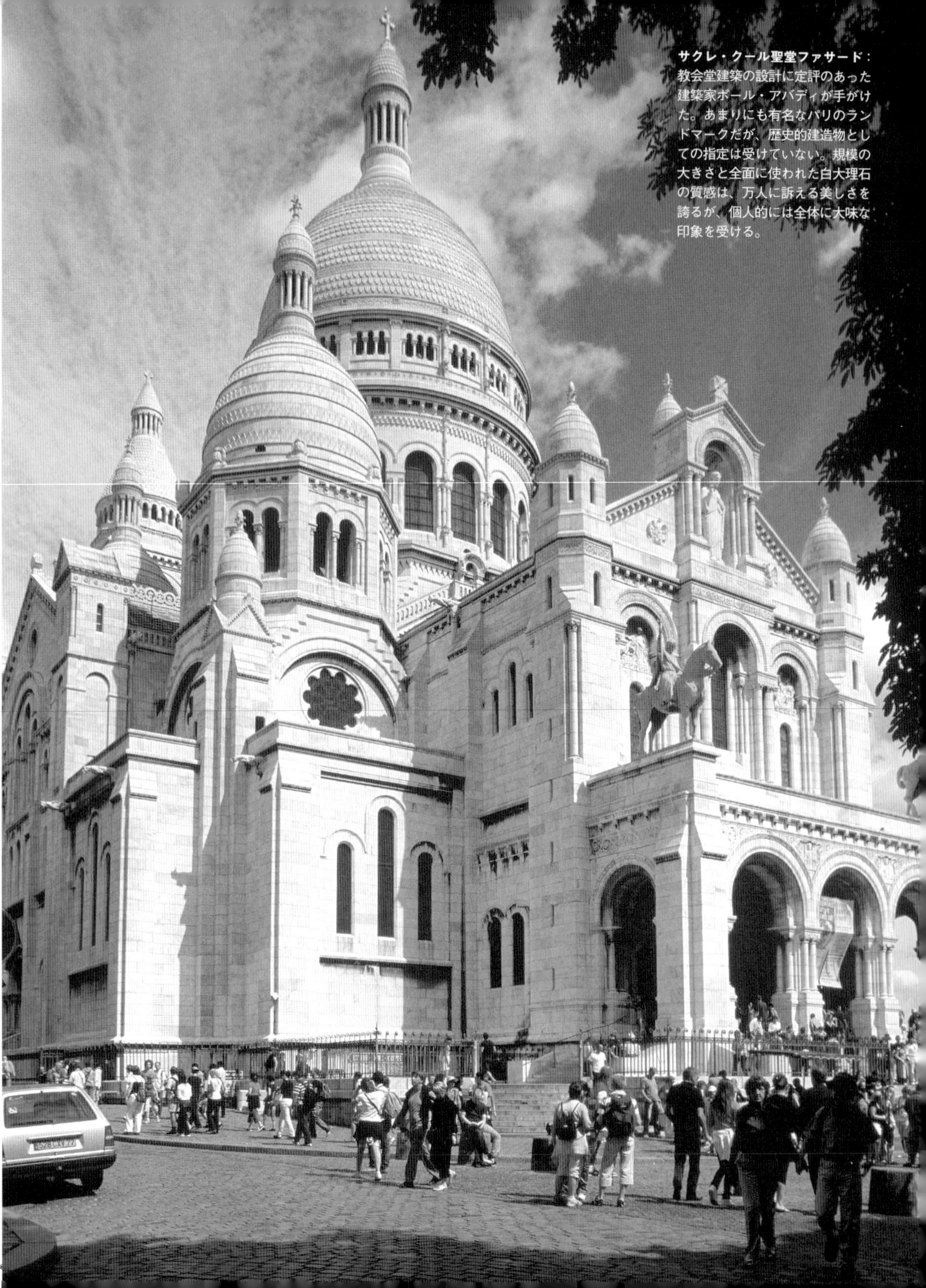

サクレ・クール聖堂ファサード：教会堂建築の設計に定評のあった建築家ポール・アバディが手がけた。あまりにも有名なパリのランドマークだが、歴史的建造物としての指定は受けていない。規模の大きさと全面に使われた白大理石の質感は、万人に訴える美しさを誇るが、個人的には全体に大味な印象を受ける。

サクレ・クール聖堂正面柱廊のディテール：装飾要素は全体にロマネスク様式であり、ディテールそのものは質の高い仕事である。なお、この柱廊から南側に臨むとパリの大パノラマが目の前に展開する。この聖堂の人気の理由はそのあたりにもあるのかもしれない。

ゴシックでは必ずしもそうではない。むしろ、薔薇窓よりも、大きなポインテッド・アーチにステインド・グラスを施す場合の方が多いだろう。にもかかわらず、正面ファサードに薔薇窓が設けられる傾向が強いのは、それがゴシックのあるべき姿だと当時のヨーロッパ人たちが考えていたからだろう。

歴史主義建築の一九世紀

ネオ・ゴシックという形で過去の建築デザインがリヴァイヴァルされることによって、一九世紀には過去の建築デザインの相対化が一層激しく進み、それらが各時代・各地域に固有の「様式」として理解されるようになった。そして、ゴシック様式以外の過去の建築「様式」のリヴァイヴァルもさかんになったのである。

サクレ・クール聖堂のガーゴイル：牛をかたどったガーゴイル。これらのガーゴイルはロマネスクというよりもゴシックを感じさせるテイストである。なお、「サクレ・クール(Sacré Cœur)」とはキリストの「聖なる心臓」という意味である。

いわく、ネオ・ロマネスク様式、ネオ・ルネサンス様式、ネオ・バロック様式、ネオ・ロココ様式、さらにはネオ・ビザンツ様式などといった調子である。また、エジプト建築に対するブームもあった。以上のような建築を「歴史主義建築」、あるいは「様式建築」という。

しかし、このような状況は今現在の自分たちの建築も「様式」という概念でとらえざるをえない事態を招くとともに、では自分たちの時代の独自の「様式」とは何であろうか、という問題意識を抱えることにもなった。

そこで、過去の各種の様式を融合させて折衷するという方向性が打ち出された。複数の過去の様式を折衷させれば、たしかに過去にない独自の建築を生み出したといえるのではないかと考えられたのである。この傾向のことを「折衷主義」という。

たとえば、現在でもパリのランドマークのひとつとなっているモン・マルトルの丘にそびえるサクレ・クール聖堂（一八七六～一九一九）は、ネオ・ビザンツ様式を大枠としながら、ディテールにはネオ・ロマネスク様式を用いた両者の折衷主義建築である。

一方、建物の種類＝ビルディング・タイプによって「様式」を使い分けるという方向性もこの時代に打ち出された。市庁舎には、中世の市民自治の伝統を思い起こさせるゴシック様式、美術館や博物館にはグリーク・リヴァイヴァル建築やネオ・ルネサンス様式、劇場には華やかなネオ・バロック様式といった具合である。

こういったことから、当時の建築家には、さまざまな過去の建築様式をTPOに応じて使い分け、折衷させる技能が必要とされた。それゆえ、過去の建築様式のデータベースである「建築史学」が成立し、建築家必須の知識体系となったのである。

12

旧オペラ座
ナポレオン三世の都市計画

一九世紀パリの都市計画

フランス絶対王政の栄光を演出した太陽王ルイ一四世は、一六八二年五月に政府の機能をヴェルサイユ宮殿に移し、パリから「遷都」したが、その治世以降もヨーロッパで一、二を争う都市として発展しつづけた。一七〇〇年には、すでに人口は五三万人を数えていた。そして、産業革命と交通手段の発達を経て、一九世紀の半ばには一二〇万人にまで膨張する。

この人口膨張と都市域の野放図な拡大はパリに危機をもたらした。まず、不良家屋や劣悪な居住環境の問題があげられる。不衛生な環境は疫病の温床であり、いまだコレラの脅威は克服されていなかった。また、道路は十分な幅員《ふくいん》をもたず、

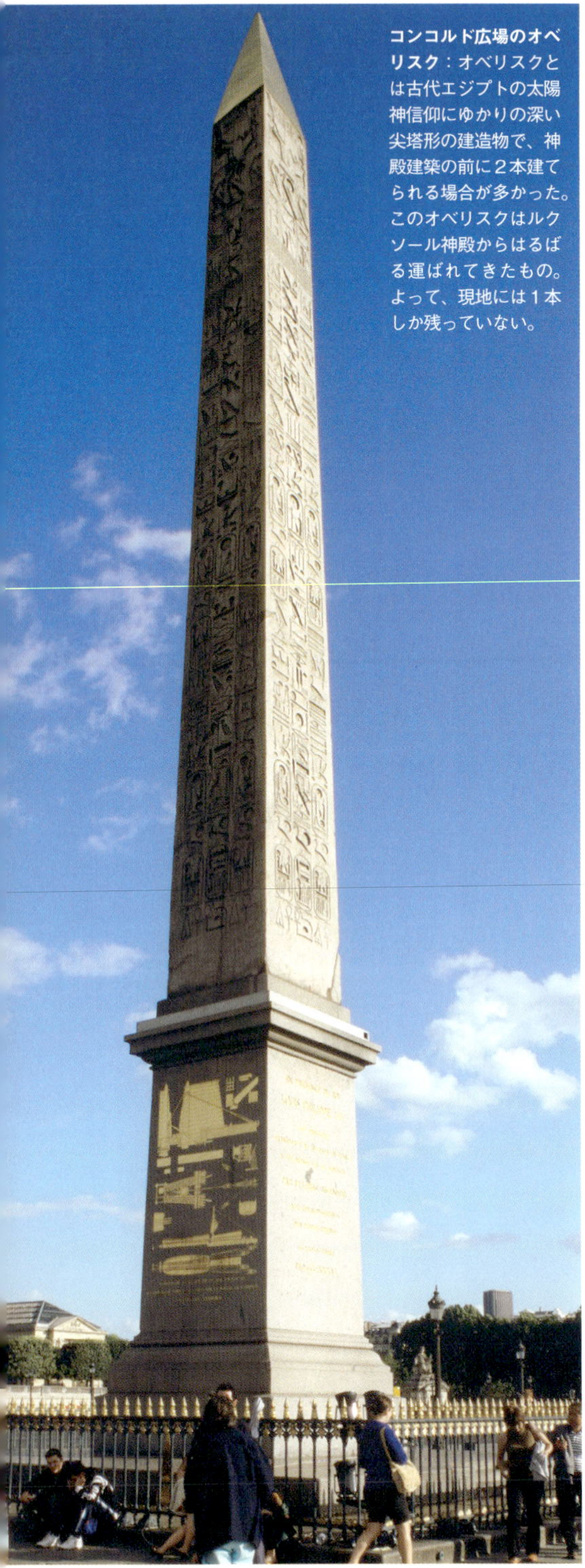

コンコルド広場のオベリスク：オベリスクとは古代エジプトの太陽神信仰にゆかりの深い尖塔形の建造物で、神殿建築の前に２本建てられる場合が多かった。このオベリスクはルクソール神殿からはるばる運ばれてきたもの。よって、現地には１本しか残っていない。

Data

代表建築
パレ・ガルニエ
Palais Garnier - Opéra national de Paris
（旧オペラ座 Opéra）

様　式
ネオ・バロック様式
（第二帝政様式）

住　所
Place de l'Opéra, 75009 Paris

最寄り駅
地下鉄3、7、8号線
オペラ
Opéra

パリ市庁舎ファサード：サント・クロティルド聖堂を手がけた建築家バリュによって完成された。ルネサンス様式の構成とゴシック的なディテールを融合しており、16世紀の初期フランス・ルネサンスのリヴァイヴァル建築だといえる。

幹線となるような道路も市中を貫通していなかったし、セーヌ川の右岸と左岸の連絡もあまりうまくいっていなかった。

　ナポレオン一世はそのような状況にメスを入れようとしたが、一〇年ほどの治世では問題解決には不十分だった。一八一四年、ブルボン家の王政が復古し、ルイ一六世の弟プロヴァンス伯ルイがルイ一八世として即位、さらに弟のアルトワ伯シャルルがシャルル一〇世として跡を継ぐが、この王政復古期はわずか一五年で幕を閉じる。

　一八三〇年、七月革命によりシャルル一〇世を退けて、オルレアン家のルイ・フィリップ一世が「フランス人たちの王」に即位し、七月王政が始まった。

　ルイ・フィリップ（一七七三〜一八五〇）は問題を認識しており、時のセーヌ県知事ランビュトーは新たな道路の開設、給排水設備の整備、新交通手段である鉄道の駅の建設などに精力的に取り組んだ。そして、コンコルド広場の中央にルクソール神殿のオベリスクを移設・建立し（ジャック・イニャス・イトルフ案）、市庁舎の拡張やレ・アール（市場）の新計画案など、都市の大規模建造物も残している。エトワールの凱旋門（一八三六）やラ・マドレーヌ聖堂（一八四二）が完成したのもこの頃である。

パリの再武装

　一方、パリ市の外では一八四〇年代前半に「ティエールの城壁」と呼ばれる都市防衛システムが構築されつつあった。

　そもそも、近世までの市壁の外にまで膨張した一九世紀のヨーロッパ諸都市では、市壁を撤去して、跡地に環状道路を設け、旧市街と新市街の一体化を図ることが多かった。たとえば、ヴィーンでは、オーストリア皇帝フランツ・ヨーゼフ一世が一八五七年に市壁と稜堡の撤去を宣言、全周六・五キロメートル、幅五七メートルの壮大な並木道リンクシュトラーセ（一八五八〜六五）が出現していた。「ティエールの城壁」の構築は、一見、これらの動きに逆行するもののようである。

　だが、第一次世界大戦時に航空戦力が実戦投入されるまで、都市防禦手段としての市壁その他のシステムが無用の長物と化したのでは決してない。フランス革命後の国民皆兵制以降、陸上兵力は大膨

ルイ・フィリップ１世（在位1830〜48）：七月革命によりシャルル10世を退けて「フランス人たちの王」に即位した。

張し、国境さえ要塞化された都市群で固めておけば、国土防衛は磐石《ばんじやく》だという時代はすぎていた。

都市に攻囲軍を張りつけたまま、野戦軍を前進させうるだけの兵員数が確保されたからである。一七世紀の太陽王はライン渡河を果しただけだが、一九世紀初めのナポレオンはロシアまで遠征することが可能だったのである。

じつは、ヴィーンが旧市街地だけを囲む市壁を撤去したことは正しい判断だったとしても、それに代わる新市街地をも含む新たな首都防衛体制の構築が必要だったはずなのである。事実、普墺戦争＝七週間戦争（一八六六）の際、鉄道・電信技術を駆使したプロイセン軍ヘルムート・フォン・モルトケ参謀総長の電撃的な分進合撃作戦により、オーストリア軍がケーニヒグレーツ（チェコ）の戦いで大敗すると、帝都ヴィーンは危機に陥っている。このときは結果的にことなきを得たが、それはプロイセン宰相オットー・フォン・ビスマルクの反対でヴィーン進撃が放棄されたからにすぎなかった。

以上のような状況を鑑みて、パリでは市壁の必要性が議論され、一八四〇年、アドルフ・ティエール首相の発議で市壁建設が決定された。「ティエールの城壁」（一八四一〜四五）は全長三八キロメートル、九四基の稜堡（バスティヨン）と三七メートル幅の堀を備える壮大なものだった。一六七〇年の城壁撤去以来、一七〇年ぶりにパリは市壁で護られることになったのである（ルドゥーの関税障壁は軍事的意義をもつ市壁ではなかった）。

このとき、市壁で防衛される範囲はパリ市全一二区（旧関税障壁の内側）の範囲を大幅に超えるものであり、その外側に広がった市街地をも含んでいた。やがて、旧関税障壁と市壁の間のこれらの一一のコミューヌ（町）も、第二帝政下（一八五二〜七〇）にはパリ市に正式編入（一八六〇）されて、一二区制から現在の二

ルーヴル美術館西側ファサード：中央のパヴィリオンはその真裏の時計のパヴィリオンのデザインをほぼそのままの形で踏襲している。もともと西側はごちゃごちゃした市街地に面した、ルーヴル宮殿のいわば裏口だったが、ルーヴル美術館となってからは、テュイルリー宮殿とカルーゼル凱旋門に臨む西側が表の空間となった。1989年にイオ・ミン・ペイによるガラスのピラミッドが建造されたのもこちら側である。

リヴォリ通り：ルーヴル美術館の北辺ではファサード・デザインが統一されている。基本的には古典主義的な三層構成であり、1階部分は歩道として機能する柱廊、2階と3階にはオーダーは施されないが3階上のコーニスがまとめていて、その上にアティックの4階と屋根裏部屋がのっかっている。

ナポレオン3世（在位1852〜70）：二月革命が勃発し、七月王政が倒れた後、ナポレオン1世の甥にあたるシャルル・ルイ・ナポレオン・ボナパルトが実権を握って第二共和政を打ち立て、さらにナポレオン3世として「フランス人たちの皇帝」に即位し、第二帝政を樹立した。

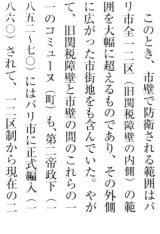

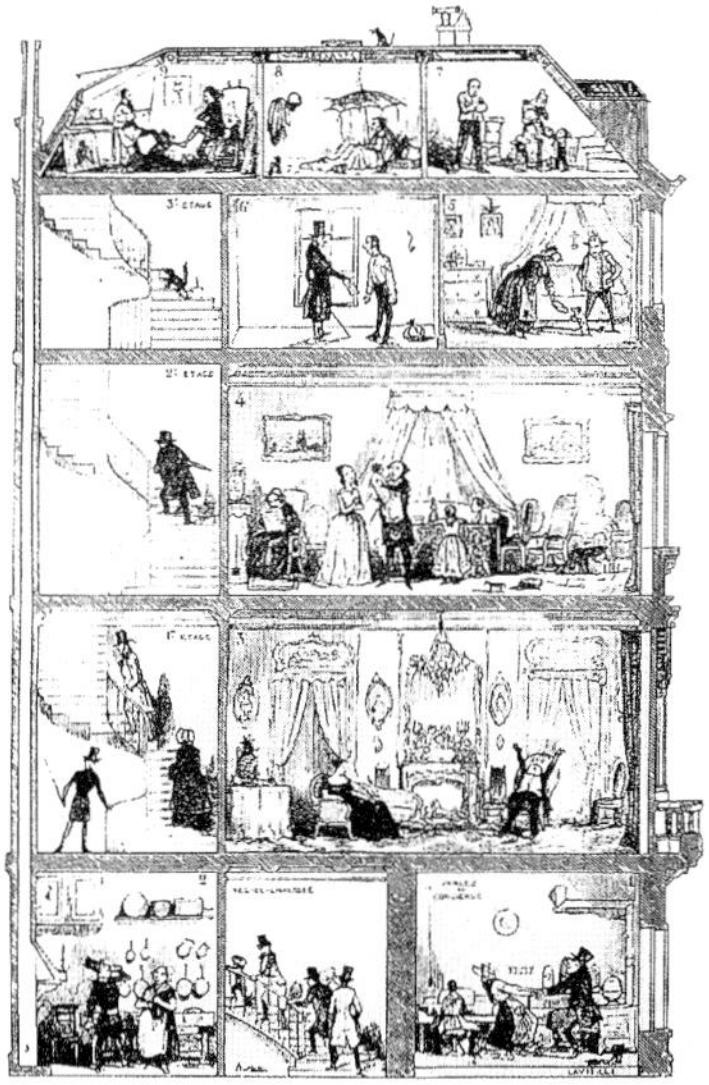

ブールヴァール沿いにあるパリの住居の断面図：テクシエ『タブロー・ドゥ・パリ』より。

エトワール凱旋門からみたエトワール広場と放射状の道路網：オースマンのパリをもっとも体感できるのはエトワール凱旋門の屋上である。エトワール凱旋門を中心に12本の大通りが放射状に延びている。写真は東方向への眺望で、はるかかなたにコンコルド広場やルーヴル美術館がみえる。

1859年のパリ市域：ティエールの市壁で防衛される範囲はパリ市全12区（旧関税障壁の内側）の範囲を大幅に超えるものであり、その外側に広がった市街地をも含んでいた。やがて、旧関税障壁と市壁の間のこれらのコミューヌ（町）も、第二帝政下にはパリ市に正式編入されて、12区制から現在の20区制に移行することになる。

〇区制に移行することになる。後述のオースマンの都市改造も含めて、一九世紀のパリの都市計画はこの防禦システムの内側で行われたのである。

　普仏戦争（一八七〇～七一）において、皇帝ナポレオン三世の降伏後に臨時政府が、その臨時政府の降伏後に「コミューヌ」の反乱勢力が、大勢を覆すことはできなかったものの、プロイセンに対して籠城戦を挑みえたのは、この市壁が存在したためである。ただし、一九世紀には攻城砲の射程がのび、市壁以外の新たな都市防禦システムも考案されていた。「ベルギーのヴォーバン」アンリ・アレクシス・ブリアモン工兵中将（一八二一～一九〇三）は、地中にほぼ埋まった鏃《やじり》状平面のコンクリート造要塞を複数、護るべき都市から距離をおいて環状配置するシステムを、アントウェルペン、ナミュール、リエージュに築く。リエージュを囲む一二の要塞群は第一次大戦時にドイツ軍の猛攻に多少は耐え、ドイツ軍緒戦の躓きの一因となった。

　じつは、パリでも、市壁か環状配置要塞群かの論争があり、結局、市壁建設と同時に一七の独立要塞が環状に配置されることになった。これらの都市防禦施設が撤去されたのは一九二九年のことであり、跡地はペリフェリック（一九五六～七三）と呼ばれる環状高速道路網となった。第一次大戦後に、ようやく、都市は軍事的な意味でも市壁や要塞から解放されたといえるだろう。

パリ・旧オペラ座ファサード：面積11,237平方メートル、奥行き173メートル、最大幅125メートル、高さ73.60メートルの巨大な劇場の顔となるファサードは、コリント式ジャイアント・オーダーと通常のスケールのコリント式オーダーで装飾されたネオ・バロック様式による。当時無名のガルニエがこの仕事を任されたのは弱冠35歳のときだった。第二帝政下には完成せず、こけら落としは1875年1月15日に行われた。

←パリ・旧オペラ座前の道路網：オペラ座広場から放射状に道路が展開している。中央の大通りは旧オペラ座からルーヴル美術館に向けて一直線に延びている。

セーヌ県知事オースマンのパリ改造

「ティエールの城壁」が完成してまもなく、二月革命（一八四八）が勃発し、七月王政が倒れた。その後、ナポレオン一世の縁戚にあたるシャルル・ルイ・ナポレオン・ボナパルト（一八〇八～七三）が実権を握って第二共和政を打ち立て、さらにナポレオン三世として「フランス人たちの皇帝」に即位し、第二帝政（一八五二～七〇）を樹立することになる。

七月王政の都市計画に関する成果や計画、問題意識は帝政下のセーヌ県知事ジョルジュ・ウジェーヌ・オースマン（一八〇九～九一）の事業にも引き継がれた。皇帝も問題を認識しており、知事に初めて謁見した折にパリの道路網計画図を示した。後の事業はおおむねこれにしたがって進められたのである。

じつは、皇帝はロンドンに亡命経験もあり、イギリスのスクエアに想を得た都市の小公園群「スクワール」から、西のブーローニュの森と東のヴァンセンヌの森などの大規模な公園まで、公園整備に力を入れている。積年の課題だった給排水設備の整備もさらに進み、帝政末期には上水道管の総延長一六〇〇キロメートル近くに及び、下水渠も五六〇キロメートルほど建設された。

ナポレオン三世とオースマンの構想は市民の目にみえる形でも次々に実現していった。ナポレオン一世が手をつけたルーヴル美術館の整備計画（一八五二～五七）も、建築家ルイ・テュリユス・ジョアシム・ヴィスコンティ（一七九一～一八五三）によって、この時代に日の目をみている。

パリの東西軸としてのリヴォリ通りの延長や、サン・マルタン通りとサン・ドゥニ通りの間でのブールヴァール・ドゥ・セバストポールの新たな開削も行われた。既存の建築物を無視して新たな道路を開くことは、不良家屋の撤去にもつながった。二本の通りは帝国サーカス場（現シャトレ劇場）と歌劇場（現市立劇場）を擁するシャトレ広場で交わることになる。

鉄道駅へのアクセスなど、その他のブールヴァールや広場も次々に整備され、エトワール広場、オペラ座（現パレ・ガルニエ）とその広場など、現在のパリの表情を決定づけている建築規制をともなって実現していった。しかし、七月王政期にすでに問題化していた、左岸より右岸、東より西への不均衡な発展は、これらの事業、とくに「首都の首都」たるオペラ座建設で顕在化していったのである。

パリ・旧オペラ座クーポラを正面からみる：ある程度離れたところからファサードを見ると、観客席真上のタマネギ型のクーポラ頂部に竪琴を携えた音楽の神アポロンがのっているようである。

パリ・旧オペラ座クーポラを脇からみる：脇から見ると、アポロンがのっているのはクーポラ頂部ではなく、舞台を覆う切妻屋根の頂部であることがわかる。

旧オペラ座（現パレ・ガルニエ）

現在、ヨーロッパ各都市にあるオペラ座のほとんどは一九世紀の建造だが、パリの旧オペラ座（一八六一～七四）こそ、歌劇団としての名声に勝るとも劣らない建築的質の高さを達成した随一の例である（ミラノのスカラ座にしろヴィーンのシュターツオーパーにしろ、ほかの名門歌劇団の本拠劇場は、率直にいって建築作品としては一・五流の域を出ない）。バスティーユ広場の新オペラ座が完成したあと、それと区別して、設計者シャルル・ガルニエ（一八二五～九八）の名から現在はパレ・ガルニエという。

オペラ座と周辺道路の計画は、第二帝政時代までに行われた、現在のパリの骨格となる新しい幹線道路網と広場の整備などの大改造の枠内で考えられ、いわば帝都パリに冠をいただかせるものだったといえる。一八六〇年のコンペでは、ナポレオン三世お気に入りの建築家フルリと皇妃ウージェニーの贔屓するヴィオレ＝ル＝デュクを押しのけて、無名の若手ガルニエが金星を射止めた。

そのファサード構成はネオ・バロック様式の、皇帝の名に恥じぬ派手なもので、

パリ・旧オペラ座の観客席天井：観客席の空間の高さは20メートル、奥行き31メートル、幅31メートル。シャンデリアの重量は８トン。1964年にマルク・シャガールによる有名な天井画が設置された。元の天井画をどうするのか議論になったが、今でもシャガールの天井画の向こう側にオリジナルな形で残っている。

パリ・旧オペラ座の観客席内装：観客席はバロック的な馬蹄形のもの。金と赤の色調が調和している。プロセニアム・アーチの向こうに広がる舞台は観客席よりも大きな空間で、高さ60メートル（うち15メートルが舞台下）、奥行き27メートル、幅48.5メートル（プロセニアム・アーチの幅は16メートル）。

パリ・旧オペラ座のホワイエの天井に描かれた喜劇の女神タリー：頬杖をついている快活な喜劇の女神タリー（タレイア）。ここでは喜劇の仮面をもってはいない。絵の下にギリシア文字で「タレイア」の名がみえる。

パリ・旧オペラ座のホワイエ：高さ18メートル、長さ54メートル、幅13メートルのギャラリー。コリント式の立体感に満ちた双子柱、鏡やスタッコ装飾が多用されたネオ・バロック様式による。天井画では音楽の神アポロンと学芸の女神である９柱のミューズたちが主役である。

パリ・旧オペラ座のホワイエの天井画（ミューズ女神）：上品な顔立ちでほほえむ舞踏の女神テルプシコル（テルプシコレ）。ここでもギリシア文字で神名が示されている。

パリ・旧オペラ座の中央大階段天井：トップ・ライト（天窓）のまわりに音楽にかかわる寓意画が４枚配されている。

パリ・旧オペラ座の中央大階段：高さ30メートルの吹き抜けの空間。選ばれた貴顕たちが行き交うもうひとつの舞台である。

パリ・旧オペラ座の中央大階段のディテール：中央大階段の２層目はイオニア式の双子柱で装飾されている。優雅というよりも、ややずんぐりむっくりした独特のフォルムである。

基壇仕上げの一階の上に、コリント式ジャイアント・オーダーの双子柱による柱廊がのっている。また、柱廊の両端が前方に突出してパヴィリオンを形成し、そのパヴィリオンは櫛形ペディメントをいただいている。

柱廊のジャイアント・オーダーの手法はミケランジェロが始めたものだが、ここでガルニエは、ミケランジェロがパラッツォ・デイ・コンセルヴァトーリでジャイアント・オーダーとともに用いたもうひとつの手法も取り入れている。コリント式ジャイアント・オーダーの双子柱の脇に、もっと小さなスケールのコリント式円柱を配したのである。

劇場本体の上には、ひしゃげたタマネギの形状をしたクーポラがのっている。このクーポラは旧オペラ座前の広場からは見えず、少し離れたところからでないと拝めない。その位置から見ると、クーポラのてっぺんに太陽神にして音楽の神アポロンがのっているようにみえるが、じつはクーポラ後ろの切妻屋根の破風のてっぺんにのっていることが横からみるとわかる。まさにバロック的な錯覚を活用した手法である。

内装に関して最大の建築的焦点は、バロック劇場を踏襲した劇場本体よりも、色大理石や天井画を豪華に施した中央大階段と、正面に面したホワイエにある。ホワイエの天井には、太陽神にして音楽の神アポロンの神話や、学芸の女神である九柱のミューズの女神たちが描かれている。ヴェルサイユ宮殿の鏡の間や、ルーヴル宮殿のアポロンの間に勝るとも劣らないネオ・バロック様式によるすばらしいギャラリーである。ギャラリーの外側は正面ファサードを形成する柱廊になっていて、旧オペラ座前の広場と道路網を一望の下におさめることができる。

一方、中央大階段は、鑑賞の前後や休憩時間、着飾ったブルジョワたちの姿が、あたかも舞台上の俳優のように映え、大階段脇のバルコニーから一般市民が見下ろして鑑賞するという、社会の縮図が展開する第二の舞台だった。バロック時代は桟敷席がその場だったが、この機能を特別に担う建築的場が新たに加えられたのである。大理石製のイオニア式オーダーの双子柱、大階段の吹き抜けに突き出たバルコニー、トップライト（天井採光）と天井画、曲線を描く大階段と欄干がえもいわれぬ華やかなハーモニーを奏でる壮大な空間である。

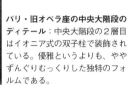

13

エッフェル塔

万博の熱気

鉄とガラスの建築の登場

一九世紀は産業革命の時代でもあった。産業革命により、鉄とガラスが大量生産されるようになり、建築材料として大量に用いることが可能になったのである。もちろん、鉄とガラス自体は建築材料として古代から使われてきたのだが、それらを大量に用いることにより新しい建築の可能性が開かれた。

とはいえ、それらの材料はまずは歴史主義建築、すなわち、いわゆる「ネオ某様式」、「某リヴァイヴァル」の建築の枠内で用いられた。アンリ・ラブルースト（一八〇一～七五）のサント・ジュヌヴィエーヴ図書館（一八三八～、一八四三～五〇）はネオ・ルネサンス様式のファサードをもち、内部の装飾にもルネサンス的なコリント式オーダーの装飾がみられるが、そこには鉄材がふんだんに用いられており、プロポーションも石材のものに比べてかなり細い。このことが、ひろやかな新しい空間を創造するのに寄与している。

ゴシック・リヴァイヴァルの立役者ヴィオレ＝ル＝デュクや、アナトール・ドゥ・ボード（一八三四～一九一五）も鉄材の利用を積極的に薦めており、従来の材料

エッフェル塔全景（シャン・ドゥ・マルス方面から）：全体は３層構成であり、１層目（面積4,415平方メートル）は地上57メートル、２層目（1,430平方メートル）は115メートル、最上階（250平方メートル）は276メートルのところに位置する。基部の幅は125メートルの幅がある。全重量は10,100トンという。

Data

代表建築
エッフェル塔
Tour Eiffel

様　式
7300トンの鋼鉄による新時代の建築

住　所
5, avenue Anatole France
Champ de Mars, 75007
Paris

最寄り駅
RER-C線
シャン・ドゥ・マルス・トゥーレッフェル
Champ de Mars Tour Eiffel
地下鉄6号線
ビル=アケム
Bir-Hakeim
地下鉄6、9号線
トロカデロ
Trocadéro

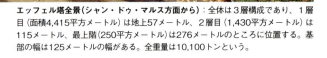

を使うよりも軽やかな空間を実現できる点で、一九世紀ならではの新しい建築を生む原動力となった。

　一方、一八五一年のロンドン万国博覧会の会場として建設されたジョゼフ・パクストン（一八〇一～六五）のクリスタル・パレス（水晶宮）は、ほとんどガラスと錬鉄のみで構築された一種の温室建築であり、軽やかな上に光にも満ちた新しい空間が創造された。このように、各地で盛大に開催された万国博覧会の会場では、新しい材料を積極的に活用した新しい建築空間がさまざまに試みられたのである。

エッフェル塔

　そのような建築群のなかでも、もっとも有名なのがエッフェル塔である。もともと、一八八九年のパリ万国博覧会の際に仮設建築として建造されたもので、技師ギュスターヴ・エッフェル（一八三二～一九二三）の主導のもと、建築家たちや技師たちが協力してつくりあげた。この時代になると、錬鉄ではなく鋼鉄が用いられている。三一二メートル（今は三二四メートル）の高さを誇る、当時、世界でもっとも高い建造物だった。

　それまでの石材やレンガ材による塔の建築では、ワシントン特別区のオベリスクのようなジョージ・ワシントン記念塔やトリノのモーレ・アントネッリアーナ、あるいはウルムやケルンの大聖堂の鐘楼などのように、一六〇メートルから一七〇メートル程度が限界だったと思われ、これらを二倍近くも上回る高さのエッフェル塔の誕生は当時の人々を驚かせた。

　これだけの高さなので、当然階段だけのアクセスということはありえない。当時、まだ珍しかったエレベータ設備が導入された。とりわけ、斜めになった支柱

エトワール凱旋門からみたエッフェル塔：エトワール凱旋門の高さは50メートルほどで、エッフェル塔の1層目とほぼ同じ高さのはずだが、エトワールの丘の上にあるので塔を真横に見るような感じである。2層目には1983年以来、レストラン「ジュール・ヴェルヌ」が営業している。4か月の改装工事の後、2007年12月22日に再オープンし、著名なシェフであるアラン・デュカスの監修のもと、新たな一歩を踏み出している。

エッフェル塔最上部：最上階にはエッフェル自身のオフィスがあった。今でも現地でその様子をうかがうことができる。展示されているあまたの勲章のなかに、大正天皇から授けられたわが国の勲章もみられる。仮設建築だった塔が取り壊されなかったのは、20世紀初頭に無線通信アンテナの設置場所としてパリ市内でもっとも適していると評価されたからでもあった。

サント・ジュヌヴィエーヴ図書館：ファサードは半円形アーチの連なるネオ・ルネサンス様式である。

パリ北駅（1861〜65）のファサード：停車場の屋根の形がかなりダイレクトにファサードに反映されている。巨大なイオニア式ピラスターの双子柱がアクセントをつけているが、屋根の中央部に近いところと端の方とでスケールを変えてあり、古典主義系でありながら19世紀ならではのテイストを醸しだしている。

のなかを走る斜行エレベータは、他にはないダイナミックなものである。

革命一〇〇周年にあたるこの万博では、シャン・ドゥ・マルスに設営された機械館も、鉄材の大胆な使用が注目されるそれまでにない建築空間を現出させた。エッフェル塔同様、これも仮設建築として建てられたものだったので、万博後に解体された。一方、同時に取り壊されるはずだったエッフェル塔は、当時はパリの景観を汚す建築として非難された側面もあったのだが、結局、生き残ることとなり、現在ではパリに欠かすことのできないランドマークとなっている。

鉄道駅の建設

鉄とガラスを駆使した建築は、万博の仮設建築の枠内に収まってはいなかった。一九世紀半ば以降、ヨーロッパ各地で鉄道網の整備が進み、パリでも多くの鉄道駅が建設された。現在も、北駅、東駅、リヨン駅、オーステルリッツ駅、モン・パルナス駅、サン・ラザール駅といったターミナル駅（頭端式駅）では、フランスやヨーロッパの各地に向かう列車が行き交っている。

オルセー美術館内部：かつての停車場が美術館の空間として見事に再生されている。ホームはセーヌ川に対して平行に設置されていた。列車（当時はオルレアン鉄道会社線）は東のオーステルリッツ駅方面から地下路線を通って入線するようになっていた。

パリ北駅の停車場：現在でも、ロンドンへ向かうユーロスター、ブリュッセル方面へ向かうベルギー国鉄のタリスやフランス国鉄のTGVが行き交うパリの北の玄関口であり、さまざまな言語が聞こえてくる国際的な雰囲気に満ちている。

オルセー美術館ファサード：ヴィクトル・ラルー設計。1900年の万博のために建設された（1900年7月14日竣工）。北駅のファサードに比べるとネオ・バロック的な要素が色濃いデザインである。等間隔に並んだドリス式ピラスターの双子柱が全体を装飾している。

建築としては、ジャック・イニャス・イトルフ（一七九二〜一八六七）のパリ北駅が充実している。ネオ・バロックの外観をもちながら、停車場に鉄とガラスでできた大空間を現出させている。ここは、現在、イギリスに向かうユーロスター、ベルギー、オランダ、ドイツ方面へ向かうＴＧＶやタリスといった超特急の発着駅となっている。

　同じくネオ・バロック様式のファサードをもつのは、リヨンや南仏プロヴァンス方面へのＴＧＶが発着するリヨン駅である。じつは二〇世紀初頭の建築であり、ここもやはり、ガラスと鉄による大規模な停車場を備えている。一方、現在のオルセー美術館（一九八六年〜）も、この頃に建設された駅舎（一八九八〜一九〇〇）の建築を再活用したものであり、かつての停車場や待合室の空間などが美術館として見事に再生している。

14

アール・ヌーヴォーとアール・デコ

Data

代表建築
ヴィラ・サヴォワ
Villa Savoye

様式
モダン・ムーヴメント

住所
82, rue de Villiers, 78300
Poissy

最寄り駅
RER-A線
ポワシー
Poissy

過去の様式に頼らないデザインの希求

一九世紀は過去の建築様式に依拠した歴史主義建築の時代だったが、時代のアイデンティティという観点から当時も問題視する動きがあった。鉄とガラスを駆使したそれまでにない空間を求めた建築の出現には、そういった背景もあったのである。ただ、それによって建築の工業化が進み、建築から「芸術性」が失われるのではないかとも危惧されていた。

イギリスでウィリアム・モリスらがアーツ・アンド・クラフツ運動、すなわち、日用品にも職人の手仕事による工芸品のような芸術性を与えようとした運動を推進したのも、このような当時の状況認識による。

一方、フランスでは当時、開国したばかりの日本の芸術や工芸品に対する関心の高まりがあり、浮世絵などのほか、ちょっとした日用品にも込められた職人技の冴え、工芸品としての芸術性の高さが注目されることとなった。このような芸術思潮をジャポニスムという。「新しい芸術」＝アール・ヌーヴォーはこういったさまざまな動きのなかから生まれたのである。

アール・ヌーヴォーの発祥

アール・ヌーヴォーのデザイン的特徴は、植物からインスピレーションを受けた優美な曲線にあるだろう。技術的な観点からは、鉄材の普及がそのような加工を容易にしたという側面もある。

オルタ自邸（現ヴィクトル・オルタ博物館）ファサード：とりわけ、2階のバルコニーの手すりのデザインがすばらしい。ドア・ノブに至るまで細やかに神経の行きとどいた優品である。

旧2,000ベルギー・フラン紙幣：向かって右側の優美な曲線を描く鉄細工に注目。なお、紙幣のこちら側にはヴラーンデレン語（オランダ語）で額面などが表記されているが、反対側ではもうひとつの公用語であるフランス語も使用されている。

ヴィラ・マジョレル（1901〜02）：窓やバルコニーの形態が優美な、ナンシーのアール・ヌーヴォー住宅建築の白眉。アンリ・ソヴァージュ設計で、鉄材装飾にはルイ・マジョレル自身の手がけたものもある。

ミラノのリベルティ様式の町屋：植物そのものからインスピレーションを得た手すりの曲線が美しい。

「アール・ヌーヴォー」、すなわち、「新しい芸術」という名は、サミュエル・ビングが一八九五年にパリで設立した「新芸術商会」に由来するが、この傾向自体はすでにブリュッセルで始まっていた。そこでは「二〇人展」の試みが注目を集めていたし、ベルギーのアール・ヌーヴォーの代表的建築家ヴィクトル・オルタ（一八六一～一九四七）の活動もさかんだった。かつての二〇〇〇ベルギー・フラン紙幣にはこのオルタの肖像と優美な曲線を描くアール・ヌーヴォーのディテールが描かれている。

アール・ヌーヴォーは世紀末から二〇世紀初頭にかけてヨーロッパ各地で流行した。ドイツ、オーストリアではユーゲントシュティル（「若い様式」の意）、イタリアではそれを導入したリバティ商会の名を取ってリベルティ様式ともいう。一説には、ヴィーン分離派や初期のアントニ・ガウディのネオ・ムデハルもアール・ヌーヴォーの影響が強いという。

フランスのアール・ヌーヴォー

一方、「新芸術商会」が開店したパリをはじめとするフランス各地でもアール・ヌーヴォーは大流行した。もともと、当時のベルギーは公的には全土がフランス語圏であり、フランスとの文化的親和

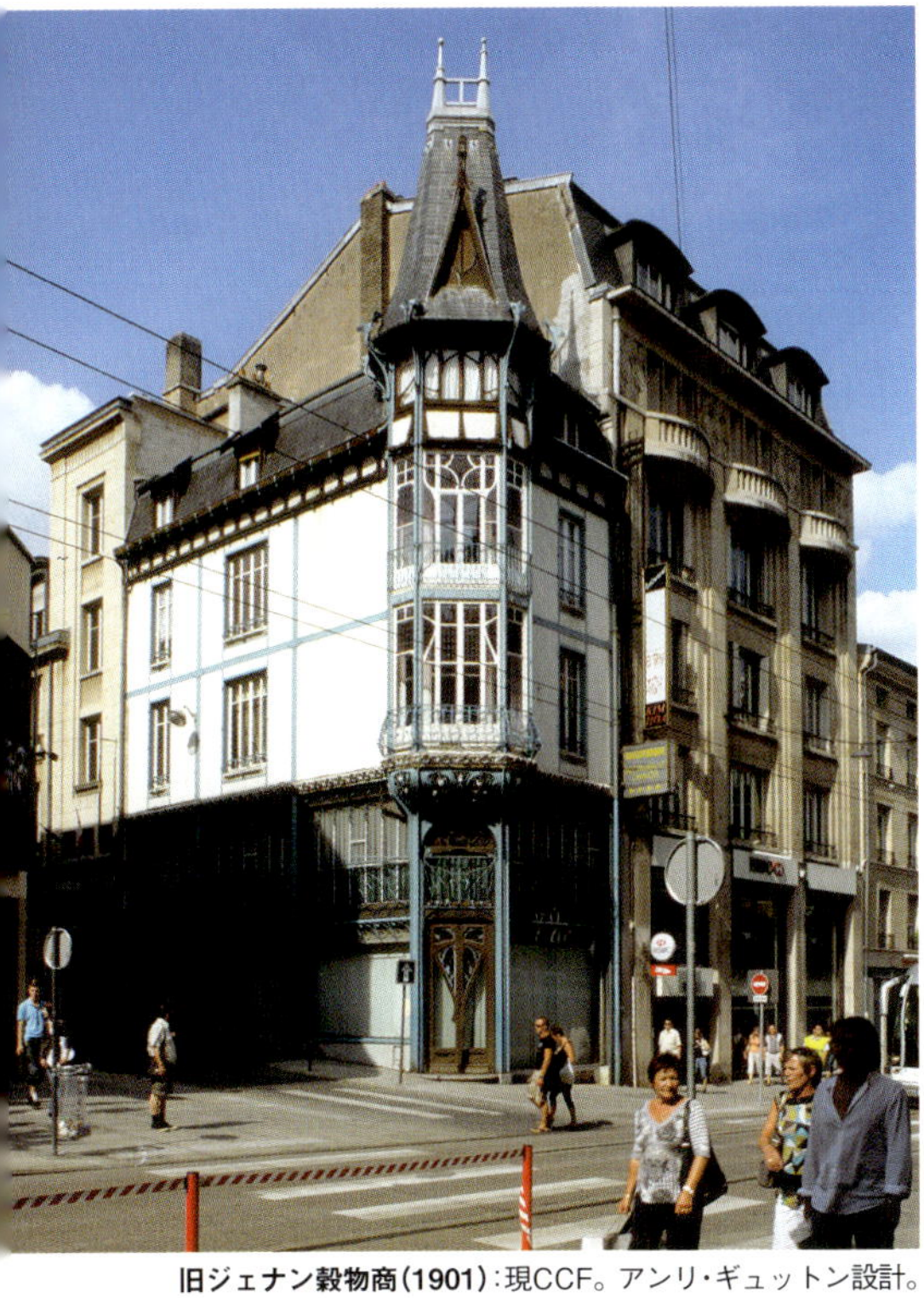

旧ジェナン穀物商（1901）：現CCF。アンリ・ギュットン設計。２本の通りの角地に立っており、入口のある隅部に表現の焦点がある。

ギマールによるメトロ入口（北駅）：パリ北駅ファサード（写真背景）前にあるメトロの北駅（Gare du Nord）への出入口。植物のしなやかな2本の茎が「メトロポリタン（Métropolitain）」と書かれた銘板をかかげている。字体の優美な曲線も全体と調和している。

度は高く、アンリ・ヴァン＝ドゥ＝ヴェルド（一八六三～一九五七）やフランツ・ジュールダン（一八四七～一九三五）のようにフランスで活躍する建築家や芸術家も多かったのである。

　とりわけ、フランス東部、ルクセンブルクの南方に位置するロレーヌ地方の中心都市ナンシーでは、ナンシー派と呼ばれる建築家や芸術家たちが大活躍した。

　もちろん、パリでもアール・ヌーヴォー建築が、オースマンの古典主義的な街並みに彩りを添えることとなった。エクトル・ギマール（一八六七～一九四二）のカステル・ベランジェの門扉などの作品があるが、とりわけ、旅行者の目にふれる機会が多いのはパリの地下鉄（メトロ）の地上入口ではないだろうか。

　これらもギマールの作品であり、いくつかのパターンがデザインされて「量産」された。もともと手工芸的なデザインに影響を受けたアール・ヌーヴォーだが、鉄材の使用によってある程度の「工業化」を図ることも可能だったのである。

現代建築運動

　アール・ヌーヴォーは「様式建築」主体のヨーロッパ建築の世界に新風を吹き込んだが、その流行は存外長くは続かなかった。さらに、第一次世界大戦（一九一四～一九一八）で荒廃したヨーロッパではヨーロッパ世界自体の衰退が論じられるようになり、全般的に伝統の力が弱まっていた。ゆえに、都市の戦災復興が問題となったとき、工業化や経済性を考慮した建築設計が追求され、デザイン的には無装飾の幾何学形態の建築が本格的に登場するようになる。

　もちろん、第一次世界大戦前からアール・ヌーヴォーに代わる時代の表現を求めて、建築家たちは試行錯誤を繰り返していた。ドイツの方では、シュトゥットガルト近郊ヴァイセンホフの住宅展示会（ジードルンク）（一九二七）を手がけたドイツ工作連盟（一九〇七～三三、一九四七～）や、ヴァイマールで設立された建築工芸学校バウハウス（一九一九～二四）（その後、デッサウ［一九二五～三二］、ベルリン［～一九三三］、シカゴ［一九三七～］へ移転した）の活動が著名である。

ル・コルビュジエの活躍

　フランスでは、スイス出身の建築家ル・コルビュジエ、本名シャルル・エドゥアール・ジャヌレ＝グリ（一八八七～一九六五）が、実作だけでなく、新しい建築モデルの提案や著作活動などの実践によって現代建築運動を推進していた。一九一四年の「ドミノ・システム」では、柱とスラブ（床と天井の総称）と階段だけ

ギマールによるメトロ入口（アンヴェール）：地下鉄2号線アンヴェール駅（Anvers）への出入口。サクレ・クール聖堂のあるモン・マルトルの丘の最寄り駅はこの駅である。

からなる非常に風通しのいい開放的な建築の姿を提示し、一九二七年には次のような現代建築五原則を提唱している。

①一階部分をピロティにして外部に開放

②屋上庭園の設置

③自由な平面

→壁体ではなく柱が支える構造にすることで仕切り壁の位置が自由に

④横に長い窓

→外壁が構造体ではなくなったため、縦長の窓である必要がない

⑤自由なファサード

→カーテン・ウォールの採用によりファサードが構造体から独立

じつは、ル・コルビュジエが提唱したこの新しい建築のひな形は、わが国の伝統的な建築のあり方に親しんだ者からみると、それまでの建築の常識を覆すような革新的なモデルとまでは思えないかもしれない。

だが、古代ローマ建築以来、ヨーロッパ建築は壁体を主体とした建築であり、ファサードも窓の形も各階平面もすべて壁体のあり方や位置に制限されてきたことを考えると、彼らヨーロッパ人たちが感じた開放感を理解しやすくなるだろう。

ルネサンスの建築理論家アルベルティなどは、建築の六要素を、地域・敷地、床面、分割（間取り決定）、壁体、覆い（屋根）、開口部（出入口と窓）と規定し、建築とは壁体に屋根をかけて開口部をあける行為だと喝破しているのである。なにしろ、アルベルティにとっては円柱が並んだ列柱でさえ、大きな開口部があいて壁体が円柱状に残ったものであり、壁体の一種なのだから。

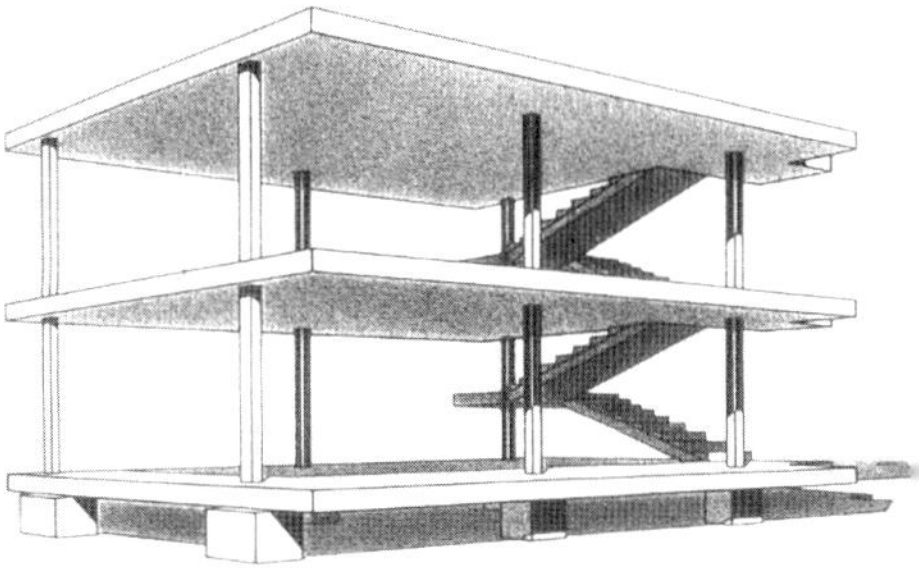

ドミノ・システム（1914）：柱とスラブ（床と天井の総称）と階段だけからなる非常に風通しのいい開放的な建築の姿を提示している。

ル・コルビュジエの代表作のうち、パリ近郊で訪ねることができるのはヴィラ・サヴォワ（一九二八〜三一）である。そこでは上記の五原則がすべて実現されており、著書『建築をめざして』（一九二三）で表明した「住宅は住む機械である」を地でいく住宅建築である。いわゆる「白い箱」の建築だが、鉄筋コンクリートのみでつくられたわけではなく、ファサードにはレンガ造が取り入れられて、それが上から白く塗られている。

アール・デコ博覧会とアール・デコ建築

一九二五年、現代装飾芸術・工業芸術万国博覧会（L'Exposition internationale des Arts Décoratifs et industriels modernes）、通称アール・デコ博覧会がパリで開催された。ル・コルビュジエはそこで集合住宅の一ユニットであるエスプリ・ヌーヴォー（新しい精神）館を出展し、「白い箱」の現代建築運動《モダン・ムーヴメント》を推し進めた。

だが、そこでは古典主義建築を淵源《えんげん》とする、簡潔な直線的ディテールやシルエットを特徴とする別の傾向の建築群も出現していた。このような建築をアール・デコ建築といい、その様式は住宅や商店建築、とりわけ、デパートメント・ストアーの建築にさかんに用いられた。一九三七年に建設されたシャイヨー宮、それに東京の名を冠した美術館パレ・ドゥ・トーキョーがパリにおける代表作である。

それにしても、「アール・デコ」とはとらえどころのない様式である。アール・

ヴィラ・サヴォワ外観：大地から遊離して空に浮かんでいるかのような外観は当時の人々に新時代を感じさせた。なお、「ヴィラ」とは裕福な人々の別荘、あるいは郊外の住宅のことである。

ヴィラ・サヴォワの居間（2階）の内装：天井に取りついているステンレスの筒のようなものは照明である。直接下方を照らすのではなく、天井を照らして間接照明としている。中央にみえる革張りの2脚の椅子は建築家自身によるデザイン。

ヴィラ・サヴォワの屋上庭園：向かって右の斜路を上っていくと、2階の中庭から居間の上にしつらえられた屋上庭園に出る。向かって左には大きなガラス窓を通して居間がみえる。西洋建築史上、従来はありえなかったような、外部空間と密接につながって光あふれる明るい居間である。

シャイヨー宮中央部の塔：シャイヨー「宮」とはいっても宮殿建築ではない。現代においては「パレ」は諸芸術の殿堂のこともいう。1937年の万博の機会に建設された美術館の建築である。もともとは1878年の博覧会のときにシャイヨーの丘に建てられた殿堂の手直しのはずが、選ばれた建築家カルリュ、ボワロー、アゼマはもっと大胆な案を実行に移した。現在は建築および歴史遺産博物館となっている。シャイヨー宮の全体構成は両翼を湾曲させて広げたイタリア・バロック的なものである一方、単純な直線に還元されたシルエットがアール・デコに特徴的な厳かさを醸しだしている。

メトロの地上出入口（ソルフェリーノ駅）：地下鉄６号線ソルフェリーノ駅の出入口は、アール・ヌーヴォー的な優美な曲線とは異なる直線主体でデザインされている。字体もそれに見合った読みやすい楷書体のようなものになっている。

ペレのフランクリン通りのアパルトマン：ペレは初期の鉄筋コンクリート造建築の世界に偉大な足跡を残した建築家である。

ナンシー駅前のプランタン百貨店（旧レユニ百貨店）（1925）：ピエール・ル・ブルジョワが設計したアール・デコ様式による百貨店建築。ピラスター状の垂直要素とエンタブレチュア状の水平要素が古典主義的構成を感じさせる。最上階の立体的なシルエットも魅力的である。

ヌーヴォーの曲線に対して、直線主体の輪郭とディテール、および、それらが古典主義建築に由来していると思われること、この二点がアール・デコ全般に共通する特徴だろうが、同じ直線主体のシルエットでも、現代建築運動の「白い箱」の建築に近いものと、古典主義建築のディテールの簡略化の果てに出現したデザインとでは、建築史上の位置づけも異なるはずである。

　だが、「白い箱」と古典主義建築を二つの極として、そのあいだにたゆたうような直線的シルエットの建築群はすべて

旧朝香宮邸（現東京都庭園美術館）外観（1933年竣工）：わが国におけるアール・デコ建築の代表例。権藤要吉ら宮内省内匠寮工務課が手がけた。ルネ・ラリック（1860〜1945）も宮家のために正面玄関ガラス・レリーフ扉、それに大客室と大食堂のシャンデリアを制作している。現在は東京都庭園美術館となっている。

「アール・デコ」と呼ばれうるのである。そして、一九三〇年代にあらわれた、いわゆる「ファシズム建築」も、多くは新古典主義のシルエットをもちながら、ディテールを直線主体で簡略化させたものである以上、「アール・デコ」の範疇に含まれうるという人もいる。アール・デコとはなんとも懐の深い様式概念である。

ベル・エポックの建築

二〇世紀初頭から第二次世界大戦前にかけて、前衛的な建築家たちは住宅と都市計画に重点を置きつつ現代建築運動を推進していった。しかし、それらは同時代に建設された建築のなかではまだまだ少数派だった。エコール・デ・ボザール（国立美術学校）のいわゆるアカデミー派は健在であり、二〇世紀に入っても引き続き多くの様式建築が誕生した。

一九〇〇年のパリ万博のために建設さ

グラン・パレのファサード：「大宮殿」の意。コンペで選ばれたアルベール・ルーヴェ（１等）、アンリ・ドゥグラーヌ（２等）、アルベール・トーマ（３等）の共同設計。プティ・パレやアレクサンドル３世橋とともに1900年の万博のために建てられた。現在は国立ギャラリーと発見の殿堂となっている。

イオニア式ジャイアント・オーダーが支配するファサードはフランス・バロック的な壮大な気風に満ちている。正面中央部背後のギャラリーの天井はガラスと鉄材でできており、新しい時代の表現となっているが、エッフェル塔や機械館を産み出した1889年の万博のときよりも保守的色彩が色濃くなっている感は否めない。

プティ・パレのファサード（1900）：「小宮殿」の意。シャルル・ジロー設計。イオニア式オーダーの列柱で装飾された正面中央部に、やはりクーポラがみられるが、スレート葺きの伝統的な構法によっていて、この点では向かい側のグラン・パレよりも保守的である。全体のデザインはグラン・パレよりも優雅だといえるものの、同じくネオ・バロック様式といってよいだろう。万博の後、1902年12月11日よりパリ市立美術館となっている。

れたグラン・パレとプティ・パレはネオ・バロック様式で建造されたし、同じ頃にできたオルセー駅（一八九八〜一九〇〇、七月一四日竣工）もネオ・バロック様式による古典主義ファサード、やはり古代ローマ的な格《ごう》天井とスタッコ内装、それにネオ・ロココ様式の待合室を備えた古典主義建築だったのである。

パリが再び政治の中心となったフランス革命期以来、ゴシック・リヴァイヴァル、鉄とガラスを駆使した新しい空間、アール・ヌーヴォー、それに現代建築運動の建築家たちによる新しい建築といった、古典主義以外の建築がさまざまに試みられたが、パリの町並みを形成する有《う》象無《ぞうむ》象《ぞう》の建築群のほとんどは古典主義系のデザインによるものだった。

もちろん、第二次世界大戦以後は、古典主義系を含む様式建築の時代ではなくなるのだが、二一世紀を迎えた現在でも、パリのイメージは、一九世紀から二〇世紀初めにかけて大量に建設された古典主義系の建築（アール・デコを含む）によるところが大きいのである。

オルセー美術館のレストランのネオ・ロココ様式：ネオ・ロココはえてして大味になる場合も少なくないが、さすがにロココの本場だけあって18世紀の傑作と比べても遜色のない優雅な空間である。

プティ・パレの階段の手すり：全体の枠組みは古典主義建築のものだが、この手すりのようにディテールにはアール・ヌーヴォー的な鉄細工がみられる。もともと、アール・ヌーヴォーのデザインは同時代のネオ・ロココとも無関係ではなく、うまくデザインすれば古典主義建築のディテールとの親和性も高い。

おわりに
現代のさまざまな問題意識

ここまで古代から二〇世紀前半までのパリの主要な建築を紹介してきた。読者の皆さんのなかには、なぜこれが取り上げられていないのか、あるいは逆になぜあれが取り上げられているのかと思われる方もいらっしゃるかもしれないが、御容赦願いたい。また、二〇世紀前半までの建築しか取り上げられなかったが、それ以降の時代もパリは世界の重要な建築シーンのひとつでありつづけた。

レンゾ・ピアノとリチャード・ロジャーズのジョルジュ・ポンピドゥー・センター（一九七七竣工）、ベルナール・チュミのラ・ヴィレット公園（一九八〇〜二〇〇〇）のフォリー群、ジャン・ヌーヴェルのアラブ世界研究所（一九八七竣工）、ヨハン・オットー・フォン・スプレッケルセンが設計し、ポール・アンドルーが完成させたラ・デファンスのグランタルシュ（一九八九竣工）、ドミニク・ペローのフランス国立図書館フランソワ・ミッテラン館（一九八九〜九八）など、現代建築の有名作品も枚挙にいとまがない。

「建築は持続するもの」

また、二〇世紀のパリはそれまで営々と築き上げられてきた歴史的建造物の保存・活用のための制度構築の分野でも世界をリードする場であった。一九一三年の歴史的記念建造物制度、一九三〇年の景勝地制度、一九六二年（アンドレ・マルローが文化大臣だった）の保全地区制度、一九八三年の建築・都市・景観遺産保護区域制度などのさまざまな制度は、パリ

ジョルジュ・ポンピドゥー・センター：通常は内部に隠すはずの配管類を露出させ、大胆に原色を配した画期的なデザインだったが、カルナヴァレ邸館やスービーズ邸館などが軒を並べる由緒あるマレ地区に隣接するところに建てられたため、景観論争も起こった。

グランタルシュ：高さ110メートルの巨大な「凱旋門」のような建築。展望台からは東側のはるかかなたにエトワール凱旋門やルーヴル美術館の姿を認めることができる。

の歴史的建造物を守るのに大きな役割を果たした。

そもそも、ヨーロッパでは「建築は永続するもの」という意識が強くあるように思う。これは、古代ローマの建築家ウィトルウィウスの『建築十書』にいう、建築は強・用・美の理を満たしていなければならない、つまり、建築は強く、機能的で、美しくなければならないという考え方にもとづくものである。

ラ・ヴィレット公園の運河とフォリー：1867年に建設された食肉市場は1974年3月に閉鎖され、科学・産業博物館、パリ国立高等音楽院(コンセルヴァトワール)、コンサート・ホールなどが集積する文化・レクリエーション施設に生まれ変わった。フォリーとは庭園の四阿(あずまや)のようなもので、旧フランス海軍潜水艦アルゴノート号の野外展示にも彩りを添えている。

建築が「強い」とは、単に構造力学的に堅固であるということにとどまらず、建築が長く持続しうることである。世界最古の木造建築を擁するわが国にもこのような意識はたしかにあったはずなのだが、近代以降、エンジニアリングの一環として始まったわが国の建築界においては「強」の二番目の側面が明らかに見落とされている。それゆえ、現在のわが国の建築界は、つくっては取り壊し、取り壊してはつくる「スクラップ・アンド・ビルド」の世界になってしまったのだろう。

現代建築シーンをにぎわわせる有名建築群に示された新しいコンセプトといった華やかな面だけではなく、過去の建築遺産を後世に伝えていこうとするフランス人たちのさまざまな努力についても、わが国の建築界が学ぶべき点はまだまだ多いのではないだろうか。

と、ここで本書を終えてしまうと、いわゆる「出羽守」のそしりを免れえないような気がする。「ではのかみ」とは、なにかにつけ「フランスでは」、「イギリスでは」、「アメリカでは」といっては、わが国の事情をろくに勘案することもなく海外のやり方を金科玉条のように、もちだす人々のことを揶揄した言い方だそうだが、もう死語であろうか。そこで、というわけでもないのだが、最後に現在のパリが抱える問題点にも言及しておきたい。

中心市街地に自動車を入れない町づくり

一九二九年、パリは最終的に、それまで都市の広がりをさまざまに制限してきた市壁という都市防禦システムから解放された。航空戦力の実戦投入、すなわち、航空爆撃により、地上の要塞化された市壁のシステムが都市を守るという観点からは無力化したからである。後にパリ市は市壁の跡地をペリフェリックと呼ばれる壮大な環状高速道路につくりかえ、着々と進んでいたモータリゼーションに対応しようとした。

だが、第二次世界大戦後になると、モータリゼーションの過度の進行により、中心市街地の交通渋滞とそれによる都市機能の麻痺の問題が表面化する。そこで現在のパリ市は、駐車違反や飲酒運転の厳格な取り締まり、各種交通規制によって、基本的には中心市街地に自動車を入れない町づくりを模索しており、さらには、トラムウェー（路面電車）網の構築やベリブと呼ばれる貸し自転車システムの導入など、自動車なしでの都市生活をもっと容易にするような施策を積極的に導入している。

　ところで、パリでティエールの城壁が取り壊されていた頃の一九二五年、それとほぼ同じ規模の環状交通網を整備した都市がある。東京である。この年、山手線の環状運転が開始された。これ以降、東京都市圏では、山手線の外側に放射状に展開する各私鉄網と山手線内に縦横にめぐらされた地下鉄網が整備されていき、山手線と私鉄線が接続する池袋、新宿、渋谷といったターミナル駅が副都心として発展した。

　第二次世界大戦後、各私鉄線と地下鉄の相互乗り入れ運転がさかんになったあとも、各ターミナルは重要な都心として発展を続け、山手線も首都交通の要として重要な位置を占めつづけている。

　こういった第二次世界大戦前からの取り組みが、現在の東京を、過度に自家用車に依存しない都市、ただひとつの都心に自家用車が集中する事態を避けることができる都市、今風にいいかえればエネルギー効率の高い都市にしているのである。

モン・マルトルの丘付近のベリブ：盗難対策として、市販されている自転車とは明らかに異なるデザインが採用されている。

　ここで私は、もし、一九四〇年に廃線となった小環状線（La petite ceinture）を存続させていたら、現在のパリの姿はどのようなものとなっていたのか考えてしまう。現在のペリフェリックはかつての市壁と同じように、その内外の都市空間を明確に隔てている。だが鉄道による環状交通網なら、駅を中心として環の内外に、もっと有機的なまとまりが形成されたのではないか。また、都心に過度の自動車が集中することもなかったのではないか。現在のパリ市がトラムウェー網をペリフェリックの少し外側に徐々に整備しているのは、遅まきながらそれに気づいたからではないか。

　もっとも、こう述べたからといって、当時の東京の当局者たちがパリの同業者よりも先見の明に富んでいたなどというつもりはない。東京ではたんにモータリゼーション時代を想像することができなかったからかもしれないし、周回遅れがけがの功名になっただけかもしれない。

　先ほど述べたように、東京がパリから学ぶ点は多い。しかし、近年のパリのメトロの色分けされた路線図からもうかがえるように（小さなことだが……）、パリも東京から学びつつあることも知っておいてよいだろう。

山手線原宿駅駅舎ファサード：中世ヨーロッパの町屋によくみられるハーフティンバー（フランス語では「鳩小屋」を意味するコロンバージュという）の手法による。山手線の駅舎としては東京駅に次いで古く、1924年に建てられた。

Special Column

パリのノートル・ダム大司教座聖堂火災

失われたものと残されたもの

パリのノートル・ダム大司教座聖堂西側正面ファサード。身廊と側廊の前に設けられた大扉(ポルタイユ)直上には28体の「王」の彫像が並んでいる。左右の塔の部分に配置されている彫像の数は左の塔(北塔)の方が1体多く、それゆえ、「大塔」」(ラ・グロス・トゥール)と呼ばれる。

司教座聖堂の建設の歴史

パリのノートル・ダムのカテドラルは、一二世から一三世紀にかけて建設された時にはパリ司教座《しきょうざ》が置かれた司教座聖堂であり、一六二二年からはパリ大司教座の置かれた大司教座聖堂である。現在の教会堂は、一一六三年、パリ司教モーリス・ド・シュリ(司教在職　一一六〇~一一九六)によって着工した。一一七七年には内陣《ないじん》が完成し、小屋組《こやぐみ》と屋根も架かっていたが、石造ヴォールトは未完成だった。一一八二年には内陣ヴォールトも完成して献堂式《けんどうしき》が行われ、教会堂として機能しはじめる。建設が進んでいたトランセプト、交差部《こうさぶ》、身廊《しんろう》などの工事現場とは仮の壁面で仕切られることになった。内陣とは、主祭壇《しゅさいだん》を中心とする教会堂の心臓部であり、聖職者たちだけが立ち入ることを許された空間である。主祭壇はミサにおいて最後の晩餐《ばんさん》の食卓となるもので、聖体拝領《せいたいはいりょう》の場となる。したがって、

内陣だけでもミサの挙行は可能であり、大規模教会堂の場合、内陣完成時点で献堂式が行われることが多い。

内陣完成前から身廊等の工事は始まっており、一二二〇年頃にはファサード南北の塔以外は屋根が架かった状態で完成したようだ。その後、高窓の高さを増すために小屋組と屋根の架け替えが実施され、一二二五年頃には内陣部分については終わり、身廊上で工事が進んでいた。この時、トリビューンの屋根も片流れ屋根から切妻《きりづま》屋根に代わり、高窓は下側にも拡張された。一二四五年にはついに高さ六九メートルの南北の塔が完成した。これをもって司教座聖堂本体が完成したと解釈してよいだろう。

司教座聖堂を正面から見ると、ほぼ左右対称だが、目を凝らしてみると向かって左側の北塔の方が少し太いことに気がつく。それゆえ、北塔は「大塔」（ラ・グロス・トゥール）とよばれる。現地に行く機会があったら、大扉（ポルタイユ）直上の二八体の王の彫像を数えてみてほしい。北塔側には八体、南塔には七体配されているのである。当初、大鐘はこの北塔のみに配置された。当時の司教ギヨーム・ドーヴェルニュ（一一九〇〜一二四九）の寄付で建てられたため、ギヨーム塔とも称された。南塔に大

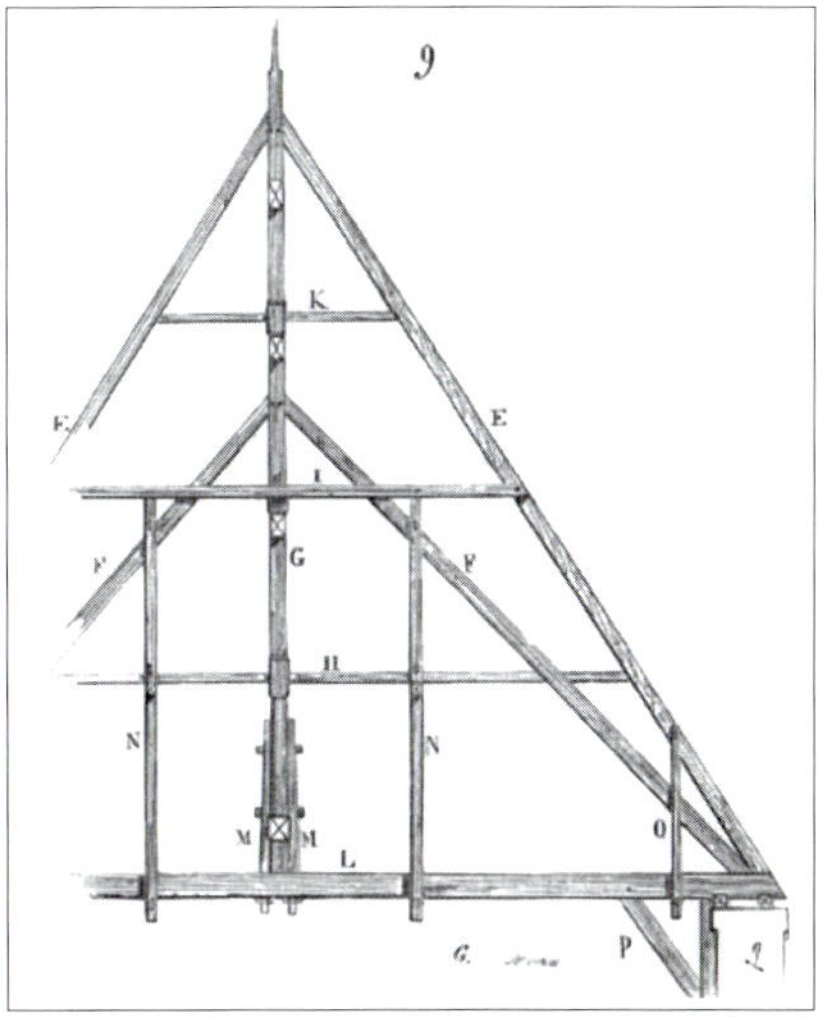

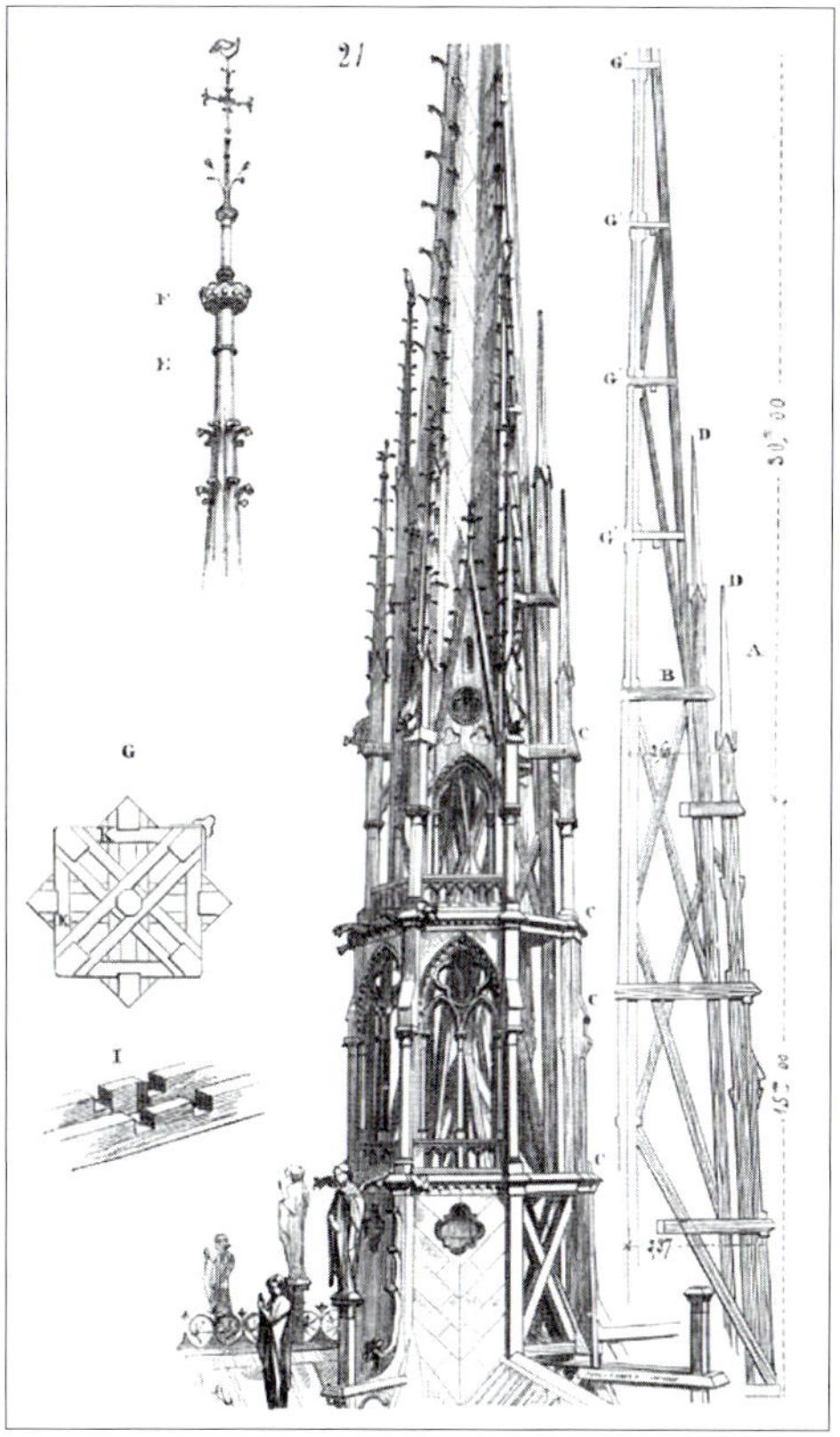

左図は内陣小屋組南北断面、右図は交差部直上の尖塔の外観図と内部の小屋組の図。高さ96メートルに達する新尖塔は木造で、表面に鉛板を貼ったものである。どちらもヴィオレ＝ル＝デュク著『フランス中世建築事典』に載せられた図版で、それぞれ、第3巻の「小屋組」（シャルパント）、第5巻の「尖塔」（フレッシュ）の項目から採った。

シテ島とパリ左岸地区を結ぶプティ・ポン（小橋）からファサードを望む。シテ島の東端を占める大司教座聖堂は面積4800平方メートルに及ぶ。

鐘が設置されたのは一五世紀のことだった。そのうち、大鐘ジャクリーヌはルイ一四世治世下の一六八六年に改鋳《かいちゅう》され、エマニュエルと改名されている。

司教座聖堂の増改築・修復の歴史

躯体《くたい》全体が完成した後、ファサードの彩色、側廊《そくろう》脇の祭室《さいしつ》群の整備などが行われていった。一二六〇年代には、交差部直上の尖塔《せんとう》建設、ジャン・ド・シェル（?〜一二六五）とピエール・ド・モンルイユ（一二〇〇〜六七）によるトランセプト端部のファサード改築、五世紀のパリ司教聖マルセルの聖遺物箱の修復などが行われている。さらには内陣周りの祭室群も増築されていった。内陣の周囲には周歩廊が巡らされ、その外側に祭室群が放射状に配置されたのである。この配置を放射状祭室形式という。祭室が多く設置されたのは高位聖職者や兄弟会（コンフレリー）が私的な礼拝を行うためである。教会堂内に祭壇が増えて混雑するのを避けるために、バットレスの間の空間が利用されたのである。祭室群の増築は、北側廊脇の四か所（一二二五〜三五頃）から始まり、司教シモン・ド・ビュシー（司

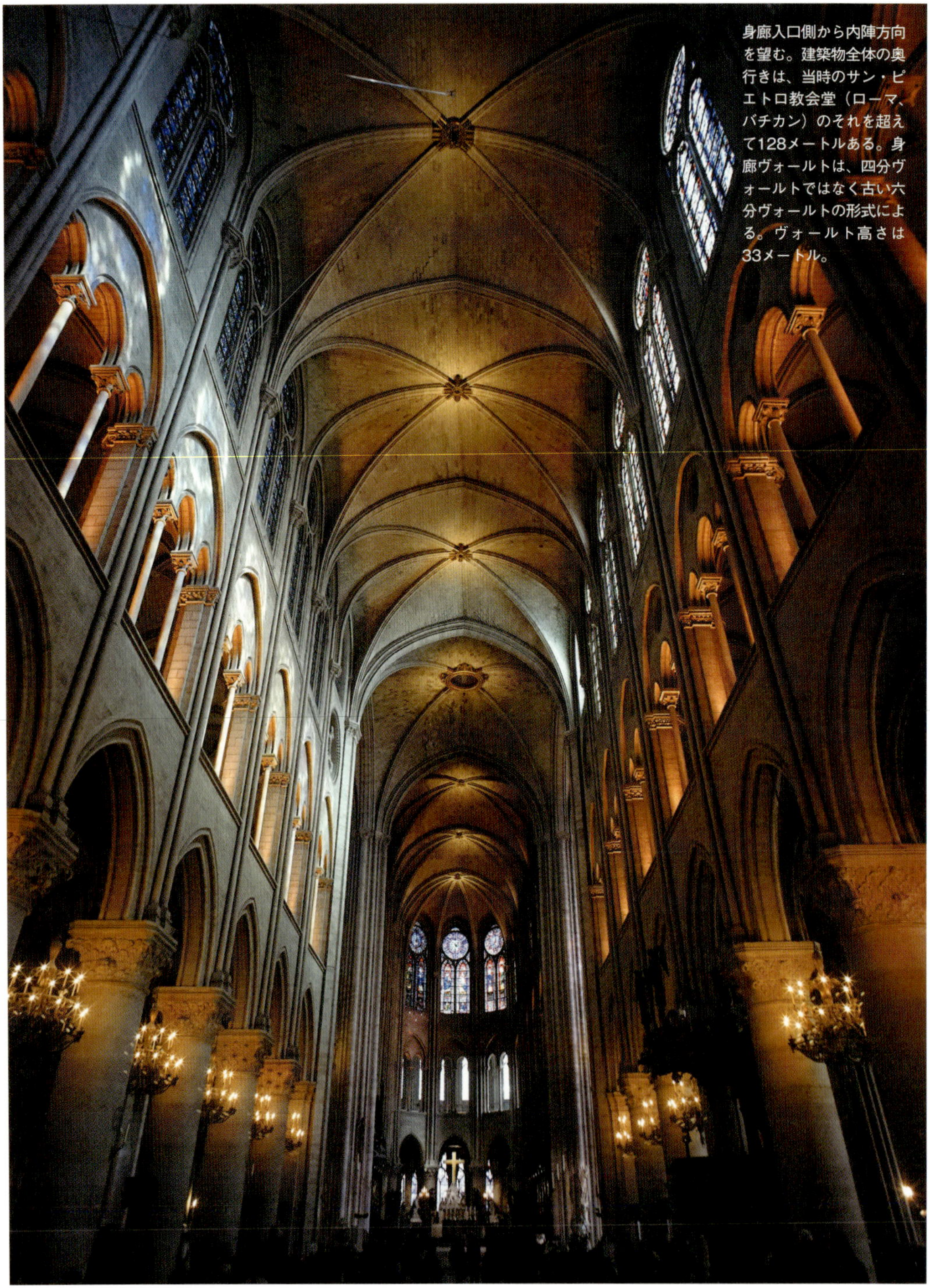

身廊入口側から内陣方向を望む。建築物全体の奥行きは、当時のサン・ピエトロ教会堂（ローマ、バチカン）のそれを超えて128メートルある。身廊ヴォールトは、四分ヴォールトではなく古い六分ヴォールトの形式による。ヴォールト高さは33メートル。

上から南側トランセプト、交差部、北側トランセプトのヴォールト。北側トランセプトのヴォールトも今回崩落した。

交差部と内陣のヴォールトを見上げる。身廊ヴォールトの一部と交差部ヴォールトが今次の火災で崩落した。

教在職　一二九〇～一三〇四）による最奥部の祭室の設置まで、一世紀弱続いた。

今回の火災の報道で司教座聖堂の完成年を「一三四五年」としているものが多いが、これは祭室群の増築が終わった頃をさしているものと思われる。たしかに、その後の三〇〇年間は大きな事業は行われておらず、建設事業に一つの区切りがついたとも解釈されうる。だが、一般に近世以前の歴史的建造物は明確に「完成」するものではなく、「完成」の状態をどの時点に置くかは難しい問題である。筆者としては、教会堂の主機能はミサを挙行することであり、聖体拝領を行う内陣、信徒たちがミサに参列する空間である身廊と側廊、ミサの開始を告げる大鐘を設置する鐘楼が揃った時点をもって、司教座聖堂の事実上の完成と解釈したい。

一四世紀半ばに祭室群が増築された後の大きな事業としては、一六二二年にパリ司教区がパリ大司教区となった後の大改装、フランス革命期の荒廃を経て、一八四六年から一八六八年まで続いた修復事業が挙げられる。一七世紀の大改装では、壁面の彩色が落とされ、ステンドグラスも廃された。内陣も大理石による古典主義的内装が施され、聖母の庇護を受ける王国を表現した彫

内陣奥の周歩廊と祭室群。

内陣南側の周歩廊。左手には木製の内陣仕切りがあり、その壁面にはキリストの生涯を描いた彩色彫刻群が並んでいる。

刻「ルイ一三世の誓い」が設置された。また、一六三〇年から一七〇七年までの毎年五月にパリの金銀細工師組合が奉納した『新約聖書』の「使徒行伝」を描いた連作絵画（「メ」と呼ばれる）が身廊上方に掛けられた。つまり、現代の大司教座聖堂の様相とはかなりかけ離れた内装となった。

大司教座聖堂の内装が現代に連なる様相となったのは、ジャン・バティスト・ラシュス（一八〇七～五七）とウジェーヌ・エマニュエル・ヴィオレ＝ル＝デュク（一八一四～七九）による一九世紀半ばの修復事業の時である。パリのノートル・ダム大司教座聖堂もファサード彫刻などがフランス革命時のヴァンダリズム（歴史的建造物の破壊運動）の犠牲となっていたが、荒廃したカテドラルの修復事業への国民的盛り上がりに火をつけたといわれているのが、一九世紀フランスを代表する文人の一人であり、国会議員なども務めた政治家、オピニオン・リーダーでもあったヴィクトール・ユゴ（一八〇二～八五）の小説『ノートル・ダム・ド・パリ』（一八三一）である。もともと、アンシアン・レジームの王政下においてフランスで最も重要な宗教的中心は、王の戴《たい》冠式《かんしき》や瘰癧《るいれき》触りの儀式が行われていたランスのノートル・ダム大司教座聖堂だったが、一八三〇年代以降に盛り上がることになったパリのノートル・ダム大司教座聖堂の修復事業をめぐる国民感情が、このカテドラルをフランス国民にとって最も重要な宗教的建築物となすにいたったのである。

ラシュスとヴィオレ＝ル＝デュクによって進められた修復事業の中で、一八世紀の末に落雷の危険を避けるために撤去されていた尖塔の新たなデザインによる再建、フランス革命期に破壊されたファサードの二八体の王の彫像の復原、床のペーヴメントの白黒のダミエ模様への変更、南北トランセプトの小屋組の架け替えなどが実施された。その他、一八六八年には大オルガンが再建されており、その後も拡張されている。

近年も重要な改装が実施された。一九六〇年代には抽象画によるステンドグラスが導入され、一九八九年には新たな主祭壇が交差部直下に配置された（二〇〇四年にも改装）。一九九三年には内陣最奥部に「栄光の十字架」が掲げられた。二〇〇〇年には一〇年間に及ぶファサード修復が完了し、白く美しい姿を現した。二〇一三年には八基の鐘と一基の大鐘が鋳造され、南塔に設置されている。

南側トランセプト端部の大扉直上の様子。左右のニッチに納められていた彫像はもはやない。

フランス革命時に破壊された大司教座聖堂の彫刻群は、現在、国立中世美術館（クリュニー美術館）に展示されている。

※ 火災による被害状況と修復への見通し

現地時間二〇一九年四月一五日一九時頃にパリのノートル・ダム大司教座聖堂の交差部の上にそびえる尖塔基部付近から出火し、身廊、南北のトランセプト、内陣、交差部の屋根と小屋組は全焼した。航空写真を見る限り、屋根と小屋組直下の石造ヴォールトも交差部、身廊の一部、北側のトランセプトの一部において崩落している。過去の同様の事例と比べても甚大といってよい。大司教座聖堂の小屋組は一三世紀前半のもので、一一七七年に完成していた内陣の小屋組はこの時に架け替えられているが、既存の小屋組の一二世後半の部材も転用されており、ヨーロッパでも貴重な中世小屋組の事例だった。

　交差部の上の尖塔は一九世紀半ばにヴィオレ＝ル＝デュクらによって新たに建設されたもので、一三世紀半ばに建設された中世建築ではないとしても、彼の修復事業がフランス中世建築を後世に伝えるにあたって果たした大きな貢献を考えるなら、これもまた大きな歴史的価値の損失である。パリ市の中心部に位置する司教座聖堂は長年、都市の環境汚染にさらされ続けており、二〇一八年七月以降、尖塔の修復・洗浄事業が四年間の予定で進んでいた。二〇年間をかけて屋根の鉛板を葺き替え、銅製彫像を修復し、小屋組の調査を実施する大規模な修復事業の一環だった。

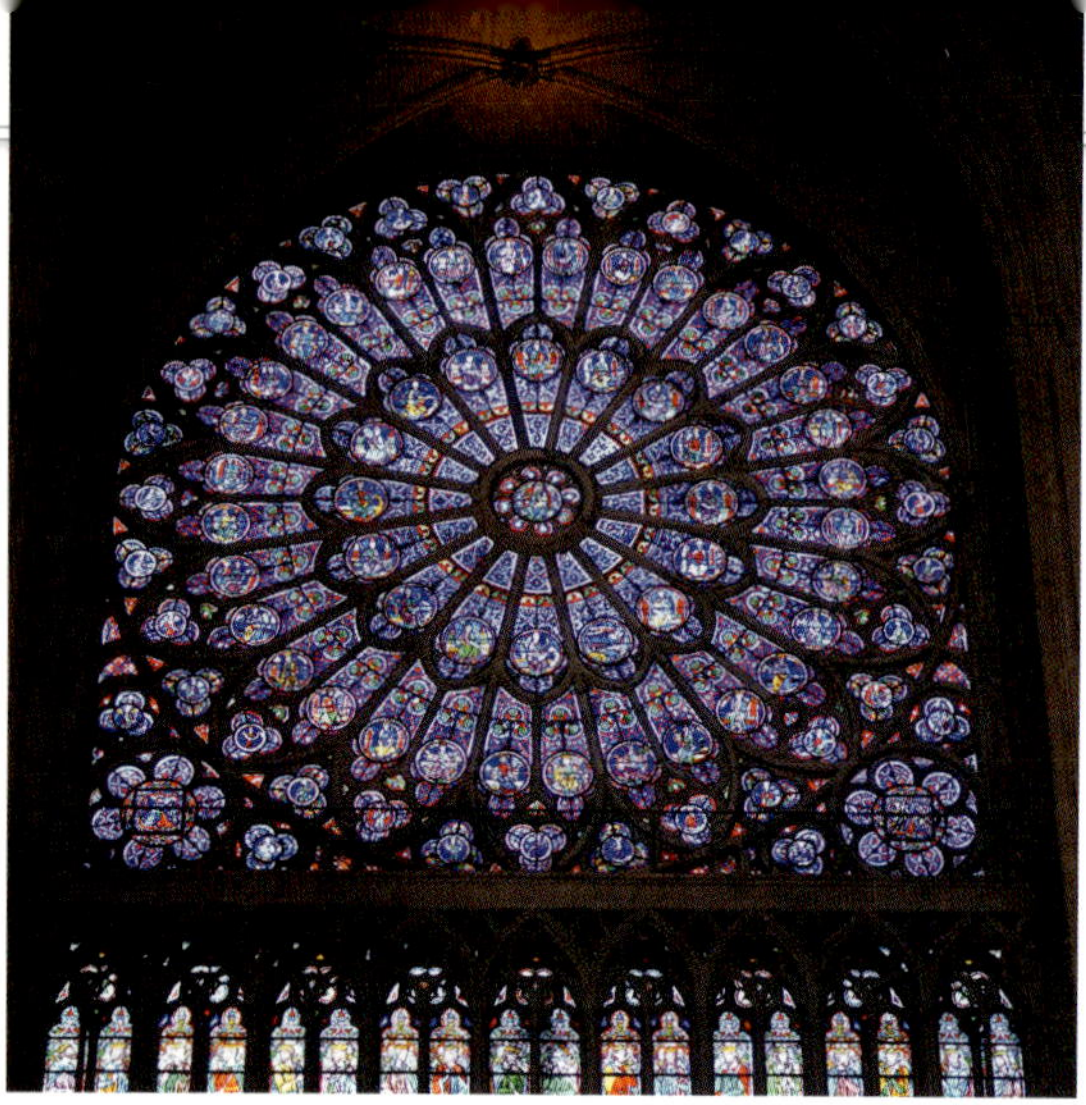

北側トランセプト端部に設置された、直径約13メートルの巨大な薔薇窓は破壊を免れた。

　このような火災による大規模教会堂の小屋組の焼失はフランスにおいて過去にも多く生じている。その原因はさまざまで、職人の火の不始末によるシャルトルのノートル・ダム司教座聖堂の事例（一八三六）、花火の落下によるメス（火災時はドイツ帝国領）のサンテティエンヌ司教座聖堂の事例（一八七七）、ドイツ軍の砲撃によるランスのノートル・ダム大司教座聖堂の事例（一九一四）などがある。これらの事例では、鉄骨トラス、鉄筋コンクリートなどの近代的技術を用いて小屋組が再建されたが、今回はどうだろうか。

　原因究明や現状把握も十分でない現段階で、修復がどのように進んでいくのか、何年で終わるのか、いくらかかるのかなどを明言することはできない。何年で終わるのかについては、一般論としていえば、投じることのできる資金の多寡による。中世のカテドラルの多くは建設に何百年もかかったといわれるが、クフ王の大ピラミッドやハギア・ソフィア総大主教座聖堂（イスタンブル）のように比較的短期間で完成した歴史的建造物の例も多い。

　修復の方針については、ヴィオレ＝ル＝デュクの尖塔の復原を軸に一三世紀半ばの当初の尖塔の復原なども検討する、小屋組については伝統的な手法による木造小屋組なのか過去の事例のように新技術を採用するのか議論されるというところだろうと考えていたら、発災から一日も経たないうちに国際コンペという話が出てきた。たしかに、過去に存在した尖塔の姿を復原したとしても、それは焼失してしまった尖塔そのものではない。わが国でも再建された金閣が重要文化財ではないのはそのためである。だが、伝統的技術により再建された日本各地の城郭建築の事例にみられるように、オーセンティックな材料はなくとも伝統的技術によって長い年月をかけて大司教座聖堂が再建されていく様を人々に見せていくことには意味があると考える。この問題にはこれからも注視していく必要があるだろう。

パリ建築略年表 ❶

年代	西洋史の時代区分	フランスの政体	フランス史上の出来事	西洋建築史の時代区分	西洋建築史上の出来事	フランス建築史の時代区分	パリ建築史上の出来事
B.C.200くらい	古代		ルーテーティア・パリーシオールムの形成	古代ローマ建築		古代ローマ建築	
B.C.2世紀			南フランスがプローヴィンキア属州としてローマの支配下に組み込まれる				
B.C.52			ラビエヌス将軍麾下のローマ軍がルーテーティア攻略				
B.C.1世紀中頃			ユリウス・カエサル『ガリア戦記』				
B.C.27			実質上の「皇帝」アウグストゥス帝の登場				
B.C.5~A.D.1/10頃					メゾン・カレ（ニーム）建設		
80					コロッセウム（ローマ）竣工		
118~28頃					パンテオン（ローマ）建設		
200頃							クリュニーの浴場建設
260~274			ガリアに独自の皇帝が4代にわたって立つ				
276頃							シテ島に城壁建設
313			コンスタンティヌス帝によるいわゆるミラノ勅令				
4世紀後半				初期キリスト教建築	聖ペトルス聖堂（現サン・ピエトロ使徒座聖堂、ローマ）建設	初期キリスト教建築	
395			ローマ帝国東西分裂				
451			フン族のアッティラ大王襲来 サント・ジュヌヴィエーヴの伝説				
476			西ローマ帝国滅亡				
481~511	中世	メロヴィング朝	フランク王国のクローヴィス王がガリアを掌握				
520					テオドリクス王廟（ラヴェンナ）		
537					ハギア・ソフィア大聖堂（コンスタンティヌポリス）竣工（ビザンツ建築の始まり）		
796~805		カロリング朝			アーヘン宮廷礼拝堂建設		
800			フランク王国のカロルス、「ローマ皇帝」としてローマで戴冠				
843			ヴェルダン条約でフランク王国3分裂				
870			メルセン条約で中央帝国解体				
987		カペー朝	西フランク王国のカロリング朝断絶 ユーグ・カペーが王に即位（カペー朝フランス王国）				
990~1021				ロマネスク様式		ロマネスク様式	サン・ジェルマン・デ・プレ修道院付属聖堂の再建
1096~99			クレルモン公会議により第1回十字軍遠征実施				
1136~44				ゴシック様式		ゴシック様式	サン・ドゥニ修道院付属聖堂アプスの建設
1147~48			第2回十字軍、ルイ7世出征				
1163							サン・ジェルマン・デ・プレ修道院付属聖堂のアプス竣工
1163~1250							パリのノートル・ダム司教座聖堂の建設
1189~92			第3回十字軍、フィリップ2世出征				
1180~1210							フィリップ2世の市壁、ルーヴル城塞の建設
1243~1308							ルイ9世によるサント・シャペル礼拝堂建設
1248~54			第6（7）回十字軍、ルイ9世出征				
1270			第7（8）回十字軍、遠征先のチュニスでルイ9世崩御				
1297			ルイ9世の列聖				
1303			アナーニ事件、教皇ボニファティウス8世没す				
1304~77			教皇庁、アヴィニョンに遷す				
1328		ヴァロワ朝	カペー朝断絶 ヴァロワ伯フィリップがフィリップ6世に即位（ヴァロワ朝）				
1335~55頃					アヴィニョン教皇宮殿建設		
1337~1453			百年戦争				
14世紀後半							シャルル5世の市壁、バスティーユ城塞の建設
1357~58			エティエンヌ・マルセル率いるパリ市の反乱				
1361~80							ヴァンセンヌ城塞の建設
1418~36				ルネサンス様式	フィレンツェ司教座聖堂のクーポラ建設		
1430頃					ブルネッレスキによるパッツィ家礼拝堂（フィレンツェ）の設計		
1431			聖女ジャンヌ・ダルク火刑				
1452					アルベルティの『建築論』出版		
1453	近世		コンスタンティヌポリス陥落、東ローマ帝国滅亡				
1477			ナンシーの戦いでブルゴーニュ公シャルル討死				
1494			シャルル8世のイタリア遠征				
15世紀末~							クリュニー邸館再建
1502~10					ブラマンテのテンピエット（ローマ）建設		
1515			フランソワ1世、マリニャーノの戦いで勝利			ルネサンス様式	
1525			フランソワ1世、パヴィアの戦いで神聖ローマ帝国皇帝カール5世に敗れる				

パリ建築略年表 ❷

年代	西洋史の時代区分	フランスの政体	フランス史上の出来事	西洋建築史の時代区分	西洋建築史上の出来事	フランス建築史の時代区分	パリ建築史上の出来事
1528	近世	ヴァロワ朝		ルネサンス様式		ルネサンス様式	ルーヴル城塞が王宮に
1532~1637							サントゥスターシュ聖堂建設
1536~				マニエリスム様式	ミケランジェロのカンピドリオ広場（ローマ）建設		
1546					ミケランジェロによりサン・ピエトロ使徒座聖堂（ローマ）完成		
1546~							レスコのルーヴル宮殿レスコ棟建設
1562					ヴィニョーラの『建築の五つのオーダーの規則』出版		
1565~69					パラーディオのヴィッラ・カプラ（ヴィチェンツァ）建設		
1572			サン・バルテルミーの虐殺事件、宗教戦争激化				
1589		ブルボン朝	アンリ3世暗殺によりヴァロワ朝断絶 ナヴァール王アンリ3世がアンリ4世として即位（ブルボン朝）				
1598			ナントの勅令により信教の自由を認める				
1605							国王広場建設（ヴォージュ広場）
1614							ポン・ヌフ完成
1614~24				バロック様式	マデルノのサン・ピエトロ使徒座聖堂（ローマ）拡張事業		
1616~21							ブロスのサン・ジェルヴェ聖堂建設
1624/25~							ル・メルシエのルーヴル宮殿時計のパヴィリヨン建設
1638~68					ボッロミーニのサン・カルロ・アッレ・クワットロ・フォンターネ修道院付属聖堂（ローマ）建設		
1642~50							マンサールのメゾン城館建設
1648~53			フロンドの乱				
1654~61						バロック様式	ヴァンセンヌ城塞の「王の館」と「王妃の館」の建設
1656~67					ベルニーニのサン・ピエトロ広場（ローマ）建設		
1661			マザラン宰相没す、ルイ14世の親政開始				
1661~68							コレージュ・デ・キャトル・ナシオン建設
1665							ベルニーニ来仏
1667							ルーヴル宮殿東側ファサードの構想
1670							市壁撤去、跡地にブールヴァール造成
1672~79			オランダ戦争				
1677~1707							アルドゥアン=マンサールの廃兵院ドーム教会堂建設
1682			事実上のヴェルサイユ遷都				
1685							ヴィクトワール広場、ルイ14世広場（ヴァンドーム広場）の開発
1715			ルイ14世崩御、曾孫のルイ15世が即位				
1716~25					フィッシャー=フォン=エルラッハのカールスキルヒェ（ヴィーン）建設		
1734~39				ロココ様式	ドゥ・キュヴィエのアマーリエンブルク離宮（ミュンヒェン）建設	ロココ様式	
1737~39							ボフランのスービーズ邸館内装整備
1753				新古典主義		新古典主義	ロージエの『建築試論』出版
1757~							ガブリエルのルイ15世広場（コンコルド広場）建設
1757~90							サント・ジュヌヴィエーヴ聖堂（パンテオン）建設
1770			オーストリアのハプスブルク家よりマリー・アントワネット姫輿入れ				
1784~89							ルドゥーのラ・ヴィレットの関門建設
1789	近代		フランス革命勃発				
1792		第一共和政	王権停止によりアンシアン・レジーム終焉 第一共和政開始				
1794			テルミドール9日のクーデタでロベスピエールらジャコバン派粛正される				
1795			国民公会解散、総裁政開始				
1799			ナポレオンのエジプト遠征からの帰還、統領政（執政官政）開始				
1804		第一帝政	ナポレオン1世、「フランス人たちの皇帝」に即位、第一帝政開始				
1806~7							カルーゼル凱旋門建設
1806~36							エトワール凱旋門建設
1814		復古王政	ナポレオン1世失脚、ルイ18世による王政復古				
1830		七月王政	七月革命によりオルレアン家のルイ・フィリップ1世即位、七月王政開始				
1841~45							ティエールの市壁建設

パリ建築略年表 ❸

年代	西洋史の時代区分	フランスの政体	フランス史上の出来事	西洋建築史の時代区分	西洋建築史上の出来事	フランス建築史の時代区分	パリ建築史上の出来事
1841~64	近代	七月王政		ゴシック・リヴァイヴァル		ゴシック・リヴァイヴァル	ヴィオレ=ル=デュクによるパリのノートル・ダム大司教座聖堂修復
1846~57							ゴーとバリュのサント・クロティルド聖堂建設
1848		第二共和政	二月革命、第二共和政開始				
1851					パクストンの水晶宮（ロンドン）竣工		
1852					ピュージンの英国国会議事堂（ロンドン）竣工		
1852		第二帝政	ナポレオン3世、「フランス人たちの皇帝」に即位、第二帝政開始				
1852~				歴史主義・折衷主義		歴史主義・折衷主義	オースマンの都市改造事業
1852~57							ヴィスコンティのルーヴル美術館整備
1861~65							イトルフのパリ北駅建設
1861~74							ガルニエの旧オペラ座建設
1870		第三共和政	普仏戦争に敗北、ナポレオン3世退位 第三共和政開始				
1871			パリ・コミューヌの反乱、テュイルリー宮殿焼失				
1876~1919							アバディのサクレ・クール聖堂建設
1887~89							エッフェルのエッフェル塔建設
1893				アール・ヌーヴォー	オルタのタッセル邸（ブリュッセル）建設		
1895						アール・ヌーヴォー	サミュエル・ビングの「新芸術商会」設立
1898							ギマールのカステル・ベランジェ竣工
1900							グラン・パレ、プティ・パレ、オルセー駅竣工
1900~							多くの地下鉄（メトロ）入口の建設
1914				モダン・ムーヴメント		モダン・ムーヴメント	ル・コルビュジエのドミノ・システム
1914~18			第1次世界大戦				
1919					バウハウス設立（ヴァイマール）		
1923							ル・コルビュジエの『建築をめざして』出版
1925							アール・デコ博覧会開催
1927							ル・コルビュジエの「現代建築五原則」発表
1928~31							ル・コルビュジエのヴィラ・サヴォワ建設
1929							ティエールの市壁撤去
1937							シャイヨー宮竣工
1939~45			第2次世界大戦				

主なパリ関連図書と論文

＊フランス建築史、パリの都市史に多くの言及がある主な邦文献をあげた。洋書は割愛した。
＊雑誌記事や論文は割愛するが、わが国の若手研究者による関連論文は一編ずつあげた。
これらの論文は国立情報学研究所・論文情報ナビゲータのサイトからダウンロードすることができる。

●図書

⑴ ジェンペル、ジャン：『カテドラルを建てた人びと』飯田喜四郎訳　鹿島出版会　1969年
⑵ 鈴木博之：『建築の世紀末』晶文社　1977年
⑶ 三宅理一：『フランス建築事情』鹿島出版会　1979年
⑷ 三宅理一：『エピキュリアンたちの首都』學藝書林　1989年
⑸ サルヴァドーリ、レンツォ：『パリ（建築ガイド）』土居義岳訳　1991年
⑹ フランス・ミシュランタイヤ社：『パリ　ミシュラン・グリーンガイド』実業之日本社訳・編　実業之日本社　1991年（絶版だが、ガイドブックのなかでは、建築についての情報で他の追随を許さない）
⑺ ル・ギユー、ジャン・クロード：『ルーヴル宮――パリを彩った800年の歴史』飯田喜四郎訳　西村書店　1992年
⑻ 羽生修二：『ヴィオレ・ル・デュク――歴史再生のラショナリスト』鹿島出版会　1992年
⑼ 西田雅嗣：『ヨーロッパ建築史』昭和堂　1998年
⑽ ラヴダン、ピエール：『パリ都市計画の歴史』土居義岳訳　中央公論美術出版　2002年
⑾ 羽生修二他編：『世界の建築・街並みガイド〈1〉フランス・スペイン・ポルトガル』エクスナレッジ　2003年
⑿ 鳥海基樹：『オーダー・メイドの街づくり――パリの保全的刷新型「界隈プラン」』学芸出版社　2004年
⒀ 三宅理一他編：『近代建築遺産の継承（日仏都市会議2003 都市の21世紀「文化をつむぎ、文化をつくる」）』鹿島出版会　2004年
⒁ 三宅理一他編：『文化資源とガバナンス（日仏都市会議2003 都市の21世紀「文化をつむぎ、文化をつくる」）』鹿島出版会　2004年
⒂ 土居義岳：『アカデミーと建築オーダー』中央公論美術出版　2005年
⒃ 吉田鋼市：『アール・デコの建築――合理性と官能性の造形』中央公論新社　2005年
⒄ グルッポ7：『図説西洋建築史』彰国社　2005年

●論文

国立情報学研究所・論文情報ナビゲータ（CiNii）：http://ci.nii.ac.jp
⒜ 遠藤太郎：「ベルニーニによるルーヴル宮第一案」『日本建築学会計画系論文集』No. 556、pp. 327–332、2002年6月
⒝ 鳥海基樹：「ルーヴルの小ギャラリーの設計図に於けるバルコニーの発現：ルネサンスのパリに於けるバルコニーの発現と水の景の発見に関する研究 その1」『日本建築学会計画系論文集』No. 564、pp. 331–338、2003年2月
⒞ 金山弘昌：「太陽神の宮殿（レギア・ソリス）：ベルニーニによるルーヴル宮第1計画案の着想源と象徴的意味内容」、『日本橋学館大学紀要』Vol. 3、pp. 53–73、2004年3月
⒟ 加藤耕一：「大修道院長シュジェールのサン=ドニにおけるモノリスの円柱に関する考察：〈アン・デリ〉の円柱と細円柱という観点からの，シュジェールの記述の再解釈」『日本建築学会計画系論文集』No. 600、pp. 211–216、2006年2月
⒠ 鏡壮太郎：「19世紀フランス建築装飾における装飾家および産業芸術家の役割に関する研究：彫刻家ジュール・クラッグマンの事例を通して」『日本建築学会計画系論文集』No. 619、pp. 193–199、2007年9月

◉著者略歴

中島智章（なかしま・ともあき）

一九七〇年、福岡市生まれ。一九九三年、東京大学工学部建築学科卒業。一九九八〜二〇〇〇年、ベルギー・リエージュ大学留学。二〇〇一年、東京大学大学院工学系研究科建築学専攻博士課程修了。博士（工学）。二〇〇五年、日本建築学会奨励賞受賞。

現在、工学院大学建築学部建築デザイン学科・准教授。

著書に『図説　ヴェルサイユ宮殿』『図説　バロック』『図説　キリスト教会建築の歴史』（河出書房新社）、『世界一の豪華建築バロック』（エクスナレッジ）、監修に『ビジュアル版　世界の城の歴史文化図鑑』（柊風舎）、共著に『図説　西洋建築史』（彰国社）、『宗教改革期の芸術世界』（リトン）、『《悪魔のロベール》とパリ・オペラ座　19世紀グランド・オペラ研究』（上智大学出版）、翻訳に『図説　イングランドの教会堂』（マール社）など。

ふくろうの本

増補新装版

図説　パリ　名建築でめぐる旅

二〇〇八年一二月三〇日初版発行

二〇一九年　八　月二〇日増補新装版初版印刷

二〇一九年　八　月三〇日増補新装版初版発行

著者……………………中島智章

装幀・デザイン…………水橋真奈美（ヒロ工房）

発行者……………………小野寺優

発行……………………株式会社河出書房新社

〒一五一-〇〇五一

東京都渋谷区千駄ヶ谷二-三二-二

電話　〇三-三四〇四-一二〇一（営業）

〇三-三四〇四-八六一一（編集）

http://www.kawade.co.jp/

印刷……………………大日本印刷株式会社

製本……………………加藤製本株式会社

Printed in Japan

ISBN978-4-309-76285-2

落丁本・乱丁本はお取り替えいたします。